大学之道

本书为广东省教育科学"十五"规划第二批研究项目（课题号：JYKX04081）的最终研究成果
本书获得肇庆学院学术著作出版资助金资助

高校学生道德养成的理论与实践

GAOXIAO XUESHENG DAODE YANGCHENG DE LILUN YU SHIJIAN

班荣鼎·著

人民出版社

序

大学的历史传统虽然久远,但大学教育却永远是前沿的。大学从产生的时候起,其组织形式、存在方式是基本固定的,而承载的却是每一代大学人不同的理想、每一个历史时期各异的文化价值。

清华大学原校长梅贻琦先生曾经说过:"大学者,非大楼也,大师之谓也。"著名教育家蔡元培先生认为:"治学者为大学,治术者为高等专门学校。"但直至今日,"大师与大楼"、"学与术"、"教书与育人"等范畴依然是历代大学人始终高度关注的恒久不变的话题。古希腊哲学家赫拉克利特有一句至理名言,"太阳每天都是新的",这个哲理同样也形象地反映了当代大学发展的特点。对于我们每一个大学人来说,就是要以积极的心态,迎接大学发展过程中各种新的挑战与机遇。

大学教育最核心最根本的价值就是关注作为主体的人的需要及其发展,其次才是功利或工具价值。我国现代意义的高等教育产生于一个"救亡图存"的特殊时代,也必然承担"救亡图存"的政治使命,这种突出的"工具性"特点自然有其合理性的一面,并一直影响着后来的大学。新中国成立后,我国大学同样以承担国家中兴作为首要使命。到"文化大革命"时期,大学更是成为"无产阶级专政的工具"。从这些情况看,我们可以认为:我国的大学早期形成是先天不足的,后来的发展也是错位的。改革开放后,特别是近十年来,我国大学伴随着国家现代化、经济全球化的节奏,也得到了突飞猛进的发展。然而,我们必须承认,我国大学这些年来发展中存在的问题也与其发展本身一样突出。社会及学术界对大学的改革与发展争议不断,近来备受关注的《教育改革十批判书》以及一些学者提出的各种不同版本的"高等教育改革十点建议"等,也不是都没有现实根据的。因此,大学教育的健康发展、科学发展是每一个大学人必须面对和思考的现实问题。

大学之道,以德为首,古今中外,概莫能外。简而言之,大学最根本的任务就是培养人才。人才实际上就是"德才",就是德才兼备的人。北宋司马光在《资治通鉴》中对德才及其关系作了一个非常经典的论述:"聪明强毅之谓才,正直中和之谓德。才者,德之资也;德者,才之帅也……是故才德全尽,谓之圣人;才德兼亡,谓之愚人;德胜才,谓之君子;才胜德,谓之小人。"当今大学的问题,主要还是价值观问题,即培养大学生什么样的价值观、培养大学生什么样的品格,实际上就是德育问题。大学的成功就是德育的成功,大学的失败就是德育的失败。曾经有一个叫做 B. F. Skinner 的心理学家甚至偏激地认为,教育就是学生把所学的东西全忘掉之后剩下的那些东西——学到的知识和技能都是可以忘掉的,甚至是会过时的,但是通过教育养成的品性却不可能被忘掉也不会过时。在当今资讯高度发达的多元化时代,我们不会听到或者看到有哪所大学教不会学生一门具体的技术,可德育教育却难见成效。我国大学德育的问题有多种多样,也有人做各种不同概括。其中最突出的无疑是一直承传中学时期的"考试德育"、"分数德育"、"文件德育"等等,即道德是通过理论考试考来的,是用分数来衡量的,是写在各种表彰文件上的。这种德育形式本身就违反了德育的基本规律,造成普遍的主体道德"知行脱节"等严重问题。事实上,道德教育的本质在于实践,实践活动是个体道德形成、发展的根源与动力,是学生自我教育的基础,也是其他学科道德教育价值实现的最终目的。高校德育的根本出路是实践,是在学习和生活实践中培养优良的品格。

读了班荣鼎同志《大学之道——高校学生道德养成的理论与实践》的书稿,我有几点感想。第一,研究具有现实针对性。我国大学在 21 世纪大规模扩招以后,逐步从"精英教育"向"大众教育"转型,转型过程中势必并已经产生各种各样的问题。大学生德育可以说是首当其冲,研究并逐步解决这些问题在这样的背景下具有很强的现实针对性。第二,研究的基础扎实。据我了解,班荣鼎同志一直关注大学生道德养成问题,也一直以讲台及学校为阵地孜孜不倦地进行研究。在西江大学时期,他主持完成学校课题"西江大学学生思想道德状况调查"、"道德竞争力研究"等;西江大学升本为肇庆学院后,从 2003 年开始,他倡导策划"肇庆学院主题读书活动"、指导学生创办《西江读书》报,就大学生道德价值与行为养成方面进行各种实证研究。在积累这些素材及经验的基础上申报课题"大学生道德养成研究"被批准立项为广东省教育科学十五规划课题,使研究工作获得一个更加坚实的支撑点,局面慢慢打开,并逐步将其研究成果理论化、系统化。科学研究就应该这样踏实认真、一步一步地去探索。第三,研究视野开阔。项目研究以"大学生道德养成"为主线,较为系统地讨论相关价值问题、理论问题、实践问题、应用问题等,视野相当开阔。更重要的是,各部分所研究讨论的问题都能够相互呼应、相互论证,理论逻辑结构合理、严谨。第四,取得的成果是值得推广的。《大学之道——高校学生道德养成的理论与实践》一书,是班荣鼎同志这几年来研究成果的阶段性总结。在书中作者将视角延伸到大学的德育使命、青年大学生的成长与国家命运的关系等问题,在教育价值比较混乱的时代更是特别有必要的。作者在对高校学生道德养成的理论作了比较深入的探讨后,非常重视实践及操作层面的研究。更值得一提的是书中也体现了作者在我校进行的实证研究的成果,如第六章"实践探索"部分,对"肇庆学院主题读书活动"的过程及效果作了多视角的分析,对政法学院实施的本科生导师制也作了较为系统的介绍,作者这一实证研究及其成果在高等学校还是有一定程度的直接推广意义。我始终认为,作为一个合格的高校教师,必须既教书又育人。从这个意义讲,这个研究及其成果,对高等学校各学科各专业的教师、学生及教务管理队伍都有学习借鉴价值。

《大学之道——高校学生道德养成的理论与实践》付梓在即,班荣鼎同志请我写个序,我作为高等学校的一名管理者,对其研究的视角以及对相关问题的理解分析,是很赞同的。我在祝福他的学术研究道路越走越宽广的同时,欣然接受他的请求并写下以上文字,是以为序。

和 飞
2009 年 10 月
于广东肇庆学院

目 录

序 …………………………………………………………………（1）

引论 ………………………………………………………………（1）

第一章　大学使命：以德为首 …………………………………（18）
  一、以德为首是大学传统的核心价值 ………………………（19）
    （一）我国以德为首的教育传统及其启示 ………………（19）
    （二）西方大学理念中的德育思想 ………………………（21）
    （三）我国现代大学的发展及其理念 ……………………（25）
    （四）新中国成立后我国大学教育的方针 ………………（27）
  二、当代大学肩负着更加重要的德育使命 …………………（29）
    （一）大学要走出迷途与异化 ……………………………（29）
    （二）当代大学知识传播功能弱化，其德育功能则更加
         突出 ……………………………………………………（33）
    （三）关于教书与育人的例辩 ……………………………（35）

第二章　学子德行：关乎国运 …………………………………（38）
  一、大学生是国家命运的担当者 ……………………………（38）
    （一）大学生是国运自然的担当者 ………………………（38）
    （二）大学生素质决定国运兴衰 …………………………（40）
  二、大学生道德现状不容乐观 ………………………………（43）

（一）道德价值认同、取向多样化 …………………………（43）
　　（二）道德认知与道德实践脱节 …………………………（43）
　　（三）对社会及他人的道德要求与对自己的道德要求
　　　　不一致 ……………………………………………………（44）
三、大学生道德问题的成因 ……………………………………（44）
　　（一）市场化、信息化的负面作用 ………………………（44）
　　（二）教育本身的原因 ……………………………………（46）
　　（三）社会环境的影响 ……………………………………（48）
　　（四）大学生自身的主观原因 ……………………………（49）
四、阅读参考：大学生除了自己，你还关心谁？ ……………（50）

第三章　养成之道：继承创新 …………………………………（55）

一、大学生道德养成的指导理论 ………………………………（55）
　　（一）马克思主义实践论的指导 …………………………（55）
　　（二）思想品德结构与形成理论应用 ……………………（57）
　　（三）德育科学理论借鉴 …………………………………（58）
二、大学生道德养成的方法理论 ………………………………（61）
　　（一）道德实践方法 ………………………………………（62）
　　（二）管理科学方法的运用 ………………………………（63）
　　（三）行为科学方法的运用 ………………………………（65）
　　（四）灌输的原则与方法 …………………………………（66）
三、大学生道德养成的内容 ……………………………………（72）
　　（一）大学生道德价值观养成的内容 ……………………（72）
　　（二）大学生道德行为习惯养成的内容 …………………（80）

第四章　制度规制：习惯养成 …………………………………（84）

一、大学理念与大学制度 ………………………………………（84）
　　（一）制度与道德 …………………………………………（84）
　　（二）大学理念与大学制度 ………………………………（88）

目 录

　　二、大学制度与学生道德价值观念生成 …………………… (95)
　　　　(一) 大学制度是先在的和正义的 ………………………… (96)
　　　　(二) 大学制度内涵并规定学生道德观念的内容 ………… (97)

　　三、大学制度与学生道德习惯养成 …………………………… (102)
　　　　(一) 制度与习惯 …………………………………………… (102)
　　　　(二) 大学制度与学生道德习惯的培养 …………………… (104)
　　　　(三) 大学制度及其危机问题 ……………………………… (111)

　　四、书院制——传统大学制度的回归？ …………………… (115)
　　　　(一) 书院制的主旨是养成道德 …………………………… (115)
　　　　(二) 当代大学书院制建设应注意的问题 ………………… (119)

第五章 文化涵养：价值根植 ……………………………………… (122)

　　一、大学文化概述 ……………………………………………… (122)
　　　　(一) 文化概述 ……………………………………………… (122)
　　　　(二) 大学文化概述 ………………………………………… (127)

　　二、大学文化的道德养成功能 ………………………………… (133)
　　　　(一) 大学物质文化及其道德养成功能 …………………… (134)
　　　　(二) 大学精神文化及其道德养成功能 …………………… (137)
　　　　(三) 大学制度文化及其道德养成功能 …………………… (140)
　　　　(四) 大学活动文化与行为文化的道德养成功能 ………… (142)

　　三、大学文化的建设 …………………………………………… (147)
　　　　(一) 我国大学文化衰微的主要表现 ……………………… (147)
　　　　(二) 建设优秀大学文化精神涵养学生道德 ……………… (150)

　　四、本科生导师制——寻找曾经的大学文化 ……………… (160)
　　　　(一) 本科生导师制兴起的背景 …………………………… (160)
　　　　(二) 本科生导师制实质是德育工程 ……………………… (162)
　　　　(三) 文化育人是正道 ……………………………………… (164)

第六章 实践探索：有益启示 ……………………………………… (171)

一、大学生核心价值观应该如何培养——从大学一个主题
　　读书活动说起 …………………………………………… (171)
　　（一）活动的基本过程 ……………………………………… (171)
　　（二）活动策划的基本思想 ………………………………… (173)
　　（三）活动的实际效果 ……………………………………… (179)
二、大学生良好行为习惯如何养成——以课堂和饭堂伦理
　　为例子 …………………………………………………… (180)
　　（一）课堂伦理及其养成 …………………………………… (180)
　　（二）大学饭堂伦理的建设与养成 ………………………… (183)
三、伦理被破坏的后果——法大"杨帆事件"的第三种解读 …… (184)
　　（一）政法大学"杨帆事件"始末 …………………………… (184)
　　（二）制度危机与伦理缺失——"杨帆事件"的第三种
　　　　　解读 ……………………………………………………… (188)

参考文献 ……………………………………………………… (194)
后记 …………………………………………………………… (198)

引　论

历史进入21世纪,我国高等教育步入了一个快速发展的新阶段,大众化、平民化特点显著。由于形势变化、社会转型导出和以前由"精英教育"所掩盖的一系列问题纷纷凸显出来,特别是我国高校学生道德缺失问题非常突出,已成为制约培养高素质人才的瓶颈。如何破解这一难题,实践证明,传统的理论说教的作用十分有限,只有开展养成教育才是唯一正确的途径。

一、问题的提出

(一)我国高等教育进入一个新的发展阶段

随着改革开放的不断深入和社会的迅速发展,我国高等教育在"十五"期间进入了国际公认的大众化发展阶段——2002年,我国高等教育毛入学率终于达到了15%的标准。① 另据《中国青年报》2006年4月28日报道,从2000年到2005年,高等教育阶段在校生人数一路攀升:从1230万人,增长到1300万人、1500万人、1900万人和2000万人,至2005年增长到2300万人。此后我国高校每年招生都在600万左右。从传统的"精英教育"向大众化的"平民教育"转型,是社会进步的标志,也是社会发展的必然,而对高等学校教育来说则是一个重大的挑战。面对这样的一个挑战,高等学校

---

① 新华网:"十五"期间我国高等教育步入大众化发展阶段(N),http://news.xinhuanet.com/politics/2005-09/25/content_3540180.htm。

可以兴建更多的大楼、聘请更多的教师以应对外延规模的扩张;而面对不再是百里挑一的教育对象,如何教育、管理,使他们成长、成才,是高校必须面对和解决的一个更加困难的问题。

(二)中学阶段的道德教育还存在不少突出问题

《中庸》上说:"道也者,不可须臾离也;可离,非道也。"这非常适用于我们所讨论的道德问题。可以从两个层面理解:一是人的道德必须是一种人格化的优秀品质,表现为始终如一的良好的道德行为习惯;二是道德教育必须是一个连续的持之以恒的过程。

大学阶段的德育无疑是中学德育的必然延续,如果中学阶段的德育富有成效,那么这种延续就是一种巩固与发展;如果中学阶段的德育存在问题,则这种延续就意味着先修补和重建而后图谋发展。由于道德评价的指标和体系非常复杂而抽象,我们不太可能对我国中学阶段的德育作出一个非常客观非常准确的评价。然而,中学阶段影响学生健康成长的因素是客观存在的:第一,学校、教师、学生都"以分数为中心,围着考试转"的价值导向是不利于学生身心健康成长的,这个问题政府部门、教育专家也都认识到了,也提出来了,并说要努力解决,但作为问题持续存在了好多年,至今也没有解决好。第二,受到考试指挥棒的影响使学生普遍缺乏道德实践和体验也不利于学生的健康成长。这样的影响自然会延伸到大学的阶段,同时也就给高校道德教育留下了难题。

(三)高校道德教育本身的问题

我国高校道德教育问题,既有前文提到的外部因素造成,也有其内部原因。表现也有多方面,最突出的有两方面:

1. 片面的道德理论灌输

在一般情况下,我们往往假设大学生的基本道德已经由中小学阶段完成,而大学阶段不需要再进行基本道德建设了。所以现在的大学德育,基本上是以理论教育为主,或者都基本停留在理论层面上,缺乏持之以恒的系统的行为养成教育。多数高校原来早上升旗、出操的传统也都已不知不觉地取消了。这样,在中小学阶段德育教育由于受应试教育的强势影响而出现瘸腿的情况下,大学也只是简单地进行"空对空"的德育教育,自然会产生问题。所以,进入大学,没有强大的升学压力,各种社会影响也相对较少。我们似乎更有条件,也理所当然回归德育之根本规律,并从促进大学生全面健康发展的高度,加强大学生的道德素质的培养。

可以认为,理论教育与实践教育是德育的两个根本构成要素,其重要性犹如鸟之双翼,车之两轮,不可偏颇。目前我们德育工作最主要的问题就是只重理论教育的犹如残废的"单翼之鸟"、"独轮之车",具体表现就是将有关思想道德价值像传授学科知识一样灌输进学生的头脑中,让他们记住背熟。经过长期的理论灌输及理论考试的训练,学生们早已熟知老师需要什么答案,而且更知道这个答案实际上与自己平时的生活及行为习惯并无多大关系。道德教育对学生来讲,往往停留在回答问题、准确地选出卷面上的A、B、C、D上,或者作为评价他人的"理论"工具,并没有内化成自己的思想,没有唤醒自己的道德自觉和道德良心。事实上,德育过程包括五个基本环节,即道德认知、道德情感、道德信念、道德意志和道德行为,而道德行为习惯是其追求的结果。也可以说,衡量德育效果的真正标准,不是看其偶然出现的行为,更不是听其口若悬河地演讲,而是看其是否养成了良好的道德行为习惯。由此,我们认为,大学生的道德建设需要进一步加强,而加强大学生道德建设的最有效的途径就是有针对性地开展养成教育。

2. 大学道德建设"幼儿化"的无奈

继北京大学 1994 年推出"文明修身行动"之后,2001 年再次提出要从食堂剩饭、教室占座、宿舍卫生到逃课、出国等问题入手,开展"新世纪修身行动"。[①] 此外,近年来国内很多高校如东北师大、上海师大、山东理工大学、西北大学、江南大学等等也都纷纷地启动内容与北京大学几乎相同的"文明修身工程"……我们先具体看看武汉理工大学的道德建设"标准":"珍惜一粒米,节省每度电,不乱丢一片纸,不随地吐痰";"不说脏话,常给

---

① 刘万永:《北大再提"修身":成才先学做人》,《中国青年报》2001 年 5 月 25 日第 5 版。

父母写信,帮老师擦黑板,助人为乐";"遵纪守法,诚实守信,保护环境"等等。① 然后我们再看看幼儿园小朋友的教材内容:"谁知盘中餐,粒粒皆辛苦";"你好! 再见!";"说话先举手,才是好宝宝"等等。两者何其相似——大学生道德建设"幼儿化"! 这是一个很尴尬的事情,却是一个不可回避的事实。如果我们将"文明修身"这类活动及其内容称为近年来高校的一种现象,那么这个现象本身就说明高校学生在基本道德修养方面还普遍存在各种各样的问题。

虽然这是一个基本事实,但是我们却不能因为大学生道德建设"幼儿化"而指责大学德育建设。道德的形成是一个连续的过程,实事求是地说,这只能说明大学生在进入大学之前的德育已经存在问题。大学道德建设"幼儿化"更多的是一种无可奈何的举措,是必要的"修补"或"重建"。意思是说,当前大学生道德的基本现状决定了必须进行"幼儿化"的建设,这就是实事求是的态度:既然大学生的基本道德还普遍存在比较突出的问题,就要从基本道德建设入手。

(四)提高国民整体道德素质任务艰巨

总体来说,我国国民道德现状并不令人乐观。我们大多数人或许已经习惯于各种见怪不怪的不文明的行为,也习惯并麻木于各种洋洋洒洒写在文件上的一片大好形势。然而,放眼世界,我们"文明古国、礼仪之邦"在外国人眼里却是"不修边幅、不讲卫生、不懂礼仪、不守秩序、不遵法规、不爱护环境和公共设施、喧哗吵闹"的形象。我们可从几个资料及例子观察和分析。

第一,出的仅仅是洋相?

以下是人民网"社会观察"频道2006年09月21日00:21做的一个特别策划中的一个内容。

---

① 联合早报网:《大学生道德建设"幼儿化"》,http://www.zaobao.com/special/newspapers/2002/03/99sky160302.html。

视点：外国人怎么看中国游客

马来西亚人："在你们中国，是不是大家都随地吐痰呢？"

马来西亚一家大报社里有一位土生土长的华裔青年摄影记者，一次赴马采访，他得知我是来自北京的记者，立即放下手头的拍摄任务，迫不及待地向我抛出了三个问题："在你们中国，是不是大家都随地吐痰呢？"我大吃一惊，怎么也不明白为什么他会有这个印象，可见我国游客在当地有过吐痰行为。随后，这位记者又问道："中国人是不是喜欢到处留言？"可见，有些游客竟在国外古迹上刻下了"到此一游"之类的字样，引起外国人极大不满。我在耐着性子解答了他前两个问题后，他的第三个问题就是："中国人是不是说话都很大声？"

泰国人：为什么中国人关车门时声音那么大？

近年来，来自中国的投资、游客越来越多，给泰国带来了巨大的实惠，泰国开始兴起中文热，许多人以能说几句中文为荣。但是，热情归热情，他们还是会对中国人的一些毛病感到奇怪。比如，不止一人对我提起：为什么中国人关车门时声音那么大？在泰国，大力关车门是对主人表示不满的方法，泰国人以为中国游客到泰国来都不满意。

埃及人：中国游客在关于公共卫生、公共秩序等方面的表现确实不如西方游客。

记者有个埃及朋友，叫穆罕默德，中文名字叫穆龙，中文系毕业，有过不少带中国团当导游的经历。当记者问起他对中国游客的看法时，穆龙掰着手指头想了想，很快总结出了甲、乙、丙、丁，看来是早有准备。他说，中国游客在关于公共卫生、公共秩序等方面的表现确实不如西方游客，但可能因为埃及人本身也随地乱扔垃圾、没有公共观念，所以对中国游客的表现有点见怪不怪、习以为常了。

美国人：最惊讶中国人的嘴上功夫：第一是乱吐痰，第二就是大嗓门。

美国人每每谈起中国人，除了钦佩中国人手头阔绰，动不动就买三四块劳力士以外，最惊讶中国人的嘴上功夫。这嘴上功夫第一是乱吐痰，第二就是大嗓门。一个饭店或者一个会议场所，只要来了一群中国人,那里必定会热闹得像集贸市场一样。一些中国游客在公共场合大声喧哗,在餐馆里乱扔鸡骨头,穿着睡衣在旅馆大厅里乱走,已经给外国人留下了非常不好的印象。

法国人:中国人动静真大!

"中国人动静真大!"不止一位法国朋友这样告诉笔者。中国游客的脚步目前已经遍布全世界。在法国著名景点的参观人群中,人们可以轻易地发现中国旅游团。为什么呢?还是那句话"中国人动静真大"[①]!

第二,中央文明委在行动!

[中央文明委部署提升中国公民旅游文明素质行动]新华网北京2006年8月16日电:中央文明委日前发出通知,部署在全国实施"提升中国公民旅游文明素质行动"。通知指出,改革开放以来,我国旅游业迅速发展,公民的旅游文明素质和道德水平不断提高。但从整体上看,我国公民的文明素质与快速发展的旅游业还不相适应,与中国的国际地位不相称。一些公民在旅游活动中表现出来的"不修边幅、不讲卫生、不懂礼仪、不守秩序、不遵法规、不爱护环境和公共设施、喧哗吵闹"等不文明行为,损害了中国"礼仪之邦"的形象,引起了海内外舆论的关注和批评,群众反应强烈。提升中国公民旅游文明素质,既是践行社会主义荣辱观的重要举措,也是增强中国软实力,塑造中国公民良好国际形象的迫切需要。按照中央文明委统一安排,"提升中国公民旅游文明素质行动"由中央文明办、国家旅游局会同外事、公安、商务、建设、铁道、民航、交通等部门共同组织实施,从今年8月中旬启动,持续3年,到2008年奥运会前要取得阶段性成果。该项活动将按照科学发展观的要求,坚持以人为本、教育先行、注重养成,征集制定发布公民文明旅游行为规范,加强文明旅游宣传教育;广泛开展多种形式的文明旅游实践活动,引导人们以实际行动树立中国公民的良好形象;加强公民

---

① 资料来源:人民网社会频道 2006 年 09 月 21 日 00:21。http://society.people.com.cn/GB/1063/4840497.html。

文明旅游综合管理,建立长效机制。经过长期努力,集中纠正我国公民旅游中的各种不文明行为,使我国公民旅游文明素质显著提高。①

第三,必须正视教育问题。

以上资料,不由使人心里特别沉重。我们不必讲很多,但必须反思几个基本问题:首先,不出国不出丑就行了吗?其次,中央文明委的呼吁倡议行动真正能够解决多年来解决不好的教育问题?最后,教育的责任在哪里?必须看到,我们所有能够出国的公民,大都在我国的国民教育系统中接受过教育,虽然不做统计,但可以肯定出国公干或旅游者绝大多数还是接受过高等教育的,却是如此素质!当然,更加重要的是,文明的素质并不是用来给别人或者说给外国人看的,文明素质根本的价值从个体来讲是一个必需的品格;从群体或者社会(国家)来讲则是社会文明程度的直接体现。从这个角度看,教育问题特别是培养公民道德素养的问题,非常突出,解决问题的任务非常艰巨。我国高等学校承担的高等教育,是国民教育的最后的最关键的环节,更是要首当其冲担当国民教育的使命。

二、研究的现状与意义

我国素有重视道德养成的传统,其理论层面见于儒家各种经典著作,如《弟子规》、《三字经》、《大学》、《中庸》、《论语》等,在实践中更是严格按照这些经典著作要求进行修养。古代中国因此也被称为礼仪之邦。近代以来,持续的革命和动荡,使中国传统道德修养理论与其他传统文化一样被革命或者解构,这样旧的东西被推翻,新的理论或价值系统没有能够建立起来,道德修养理论五花八门,没有一种理论能够主导我们的实践,也没有一种实践的经验具有普遍的推广意义。改革开放后,中国社会经济取得巨大发展的同时,各种价值观念也产生剧烈的冲突,道德理论研究及实践活动面临更加严峻的形势。如何继承中国传统道德养成的理论与实践,建构切合

---

① 资料来源:http://bbs.dahe.cn/bbs/thread-460415-1-1.html。

当前实际的理论体系与实践模式,推进社会主义道德建设,意义重大。

(一)对道德养成的研究

以往,国内专家学者对道德养成也都有些研究,但都比较零星,缺乏深入系统的研究,也未见有专门的著作问世。简要情况如下:

广西社科联韦胜在《广西社会科学》1995年第1期发表"养成教育浅析",对相关概念与其他教育的区别、特点等进行了探讨;信阳师范学院石宪昌在《信阳师范学院学报》1995年7月哲学社会科学版发表"浅谈养成教育",对养成教育的"知、情、意、行"、必要性、关键期等问题进行研究;江苏海安县教育局程广友在《江西教育科研》1996年第2期发表"养成教育论",分析了养成教育的构成要素、本质、功能、实施等;中国人民大学博士生导师罗国杰教授于2003年9月30发表于《中国教育报》的文章"公民道德建设与养成教育",对道德养成的概念、内涵以及道德养成的途径作了阐释。本人在《求实》2003年第3期发表《论公民道德的养成教育》一文,就道德养成及其功能、道德养成的构成要素、道德养成平台及建设、道德养成的实施方法等等方面也做了一些粗浅的探索。这些前期研究及相关成果,对我们进行大学生道德养成研究也具有非常重要的指导价值。

(二)对高校学生道德养成的研究

专门对大学生道德养成的研究,情况与道德养成研究基本一样,也有不少学者进行了有价值的研究,但也都还是比较初步,同样还需要更加系统、深入、操作化的研究。主要情况如下:

1. 国内的研究及实践

较早的研究如广西大学的罗绍康,在《广西高教研究》1995年第4期发表"大学生的养成教育刍议",专门论到大学生进取性思想道德品质养成的问题。铜仁师范专科学校在《毕节师范专科学校学报》1999年第2期发表"高校养成教育实践探讨",多是介绍经验式面面俱到的总结,并不深入。中南大学韩冬梅在《现代大学教育》2001年第3期发表"论大学生的道德养成教育",重点论证大学生道德养成教育的特征和根据。中国人民大学博士生导师葛晨虹教授于2003年9月30日发表在《中国教育报》上的文章"公民道德建设与高校德育"提出:高校德育必须改变传统德育思路和模式,超越传统"小德育"概念,树立新的"大德育"理念。要优化德育系统,加强领导、理顺体制、完善机制、建设队伍、增加投入和营造氛围等综合德育实施机制。何冬梅、王树平、张红于2004年6月17日发表在《光明日报》的"大学生的诚信养成"对大学生的诚信养成的过程、大学生诚信的内容体系、大学生诚信教育的考核方法作了比较有建设性的探讨。浙江万里学院姜彦君于2004年9月16日发表在《光明日报》的文章"养成教育塑造大学生完美人格",认为文明习惯的养成教育在大众化高等教育背景下的素质教育中仍然很重要,并就高校对大学生进行养成教育的必要性和内容都作了阐述。唐勇在《中国德育》2007年第二期发表的"大学生德性养成与德行塑造"一文认为,大学生道德教育应该从德性培养着眼,从德行塑造入手才可能具有实效性。在培养大学生德性和德行的途径和方法方面,作者提出:第一,将学科知识教育还原为文化教育;第二,建构合理、和谐与互相尊重的校园环境;第三,校园文化的有序性;第四,注重大学生德性形成的经验性学习。王金华教授新著《大学生道德养成教育研究》,比较系统地从概念界定、理论基础、目标与内容、实践策略、工作机制几个方面做了较多的基础性的有益的研究,工作机制这部分则点到即止。此外,教育部、全国各高校的教学科研人员近年来针对大学生思想道德状况所进行的大量的问卷调查研究,有些数据及结论对此研究有参考价值;也有一些数据及结论由于问卷本身设计缺乏科学性等问题,本身就存在出入或矛盾,并不适于引用。这些前期研究,我们虽然不能完全列举,但从总体看来,前期的研究具有明显的形而上的特点,有重要参考价值,也还需要更加深入的研究:一方面是形而上的研究还要系统深入,另一方面是形而下的研究要有突破,特别在贴近实践进行实证研究这方面,要形成具有操作性指导性意义的成果。

2. 国外的研究及实践

在国外,特别是一些发达国家甚至一些发展中国家都很重视道德养成研究及建设,当然也包括对大学生道德养成的研究与训练,抛开意识形态因素讲,我们不得不承认国外特别是一些发达国家的公民教育是非常成功的,全社会道德水平、文明素养普遍较高。除欧美国家,亚洲的日本、韩国、新马泰、中国香港地区等,教育也都比较成功,国民素质也都普遍较好。从大的概念讲,从表象来比较,我们的差距还是比较大的。我国近年来经济发展速度快,出境旅游人数不断增加。但我国出境旅游的公民在基本素质与文明素养等方面在世界各地尽出洋相,与国外形成鲜明的对比。其根源可以倒推到教育,包括整个国民教育系统。依此看来,我们的教育问题还是比较严重的。

中外由于语言文化等方面的差异,对同一个问题的研究及其表述方式不一定完全一样,即不一定叫"道德养成教育",但其基本思想和方法是一样的。在西方发达国家中,伦理道德课程作为各大学本科学生课程体系的重要组成部分,道德的实践训练、养成教育普遍受到重视。20世纪初,美国实用主义教育家J.杜威主张通过学校的"典型的社会生活"培养"有利于社会秩序"的道德习惯,并具体提出的"活动式训练教学法"、"社会式学校育人法"等方法,产生重大的现实影响。在中国,杜威的教育思想后来被我国著名教育家陶行知借鉴发展并应用到其教育实践中,也产生了巨大影响(后来受意识形态化的批判)。据统计,1977—1978年,全美国的623所大学开设了2757种伦理课程。为了提高授课质量,学校还在学生中开展一系列道德实践活动,如制定和实施大学生道德行为规则和标准,指导学生开展有益的社团活动,改善大学生的道德环境和道德气氛等。[①] 也是在20世纪70年代,欧美各国兴起了美国教育家弗雷德·纽曼提出的道德教育的社会行动模式,也都属于一种道德养成理论和方法。亚洲一些国家学校德育有些共同点,如强调要进行思想道德理论灌输,尤其是以课堂德育为主渠道的灌输,讲究教育的多样性。更重要的是,在重视课堂道德知识传授时,又注重学生参加实践活动,引导学生道德认识与行为的统一。普遍提倡养成教育,重视对学生行为规范的训练和指导。

从世界各国的经验看,教育办得好,国民素质高,国家就强大。虽然各国道德教育理论与方法不胜枚举,流派不同,表现形式有差异,但重视实践

---

① 张晓明:《美国大学道德教育》,《高等教育研究》1992年第1期。

养成是共同点。我国大学生道德水平以至于国民道德水平(两者有关联)令人堪忧,说明我们的道德教育一定存在问题。国内学者所做的前期研究无疑对我们是有借鉴意义的,国外的经验也值得参考。然而,关于大学生道德养成这个课题,国内目前至少还没有一个具有推广意义的理论成果及模型建构;国外的做法有其特定的文化与制度氛围,当然也不适合照抄照搬。针对我国举办的世界上规模最大的高等教育,专门研究高校学生道德养成的理论与方法,并应用于高等教育的实践,还是一个比较艰巨的任务。

(三)研究意义

我们在全球化、网络化这样的背景下,研究高校学生道德养成教育,具有非常重要的意义。首先,有助于树立正确的教育观念,让教育真正回归教育。道德养成是已经被验证了的非常成功的传统教育的经验及模式,然而这些年来大学或多或少发生了各种政治、经济或工具性的异化,道德教育被忽略以至于变成可有可无,道德教育的科学理论及方法也没有被重视起来。大学思想道德教育通常是处于"说起来重要,做起来次要,忙起来不要"尴尬地位。专门研究大学生道德养成教育,有助于人们理清大学作为教育机构的最基本的教育职能,回归真正的教育。要将育人摆在大学教育中的重要位置,正确处理教书与育人的辩证统一关系,使一代大学生真正健康成长成才。其次,有助于丰富和完善高校学生道德养成的理论与方法。道德养成教育从传统上讲虽然有一套成熟的理论结构与实践方法,但社会变革时代发展必然要有新的表述和实现形式,即需要与时俱进。国内外学者关于道德养成及大学生道德养成的理论文章有不少,专著也有偶见,而系统性则相对欠缺,更少见应用于我国高校大学生道德养成的实践环节。因此,深入研究此问题,使之系统化、更趋于成熟化,对丰富与完善我国高校学生道德养成理论与方法,无疑具有重要意义。再次,对指导高校道德建设实践、提高道德教育实效性作用更大。理论的意义在于实践,我们通过更多的实证手段进行研究,所形成的高校学生道德养成理论的研究成果及各种模型的建构能够实际应用于高校学生道德养成教育的实践,一方面在相关学校产生实际的道德教育效果,另一方面则对其他高校产生重要的示范和影响作用。

科学大师爱因斯坦在《论教育》中指出:

"学校的目标必须是培养能独立行动和思考的人,而这些个人又把为社会服务视为最高的生活准则。"

"但是人们怎样才能实现这一理想呢?是通过道德说教达到这一目标?绝对不是。言词现在是,今后将仍是空洞的声音,通往毁灭之路的从来都与关于理想的浮华之辞相伴。但是人格并不是由所听所说形成的,而是由劳动和行动形成的。因而,最重要的教育手段是促使小学生们采取行动。"

"学校应该永远以此为目标:学生离开学校时是一个和谐的人,而不是一个专家。"

……

康德曾经说过:"这个世界上唯有两种东西能让我们的心灵感到深深的震撼,一是我们头顶上的灿烂天空,一是我们内心崇高的道德法则。"

道德的重要意义在于它既是个人立身之本,又是社会和谐、人类发展之基,更是治国安邦之道。道德具有普世的价值和意义,任何个体、任何组织、任何国家和民族的发展进步都离不开道德。而道德的终极价值在于实践,即知行统一。高校学生是中国青年中最优秀的群体,理所当然是道德楷模。通过研究,探索高校学生道德养成的规律,增强高校学生道德建设的实效性,对青年大学生的健康成长、促进我国公民道德建设以至于全面建设小康社会,都具有十分重要的意义。

三、概念的界定与叙述结构

(一)道德

中国是具有悠久历史文化的国度,自从进入文明社会以来,我们的祖先便开始对道德问题做理论思考和探究,由此而分别出现了关于道和德的概念和诠释。"道"原意是道路。从此义出发,古人对"道"广泛引申使用,于是便具有了多种含义。"道"用于哲学领域,或指事物发展变化的规律,或指宇宙万物的本原、本体,如"大道之行也,天下为公";"道"用于政治领域,则指政治主张、思想体系,如"先王之道"、"尊师重道";"道"用于伦理领域,则指道德准则。孔子说:"朝闻道,夕死可矣。"就是指道德原则。"德"本义为得。《说文》曰:"外得于人,内得于己也。""德即得也。"得到了什么呢?从"德"字构形看来,从古直字、从心:心得正直。"德"在西周金文中已有德行、品德之义。在《尚书》、《诗经》中,"德"时有出现,如"敬德"、"明德"等,其含义都是德行、品德。把"道"和"德"并列使用,如孔子说的"志于道,据于德"。构成"道德"一词的"道"与"德"在词源含义上也都是指应该如何的行为规范。"只不过'道'是外在规范,是未转化为个体内在心理的社会规范;而'德'则是内在规范,是已经转化为个体内在心理的社会规范。"①所以,《左传》曾说:"凡君即位,卿出并聘,践修旧好,要结外援,好事邻国,以卫社稷,忠、信、卑让之道也。忠,德之正也;信,德之固也;卑让,德之基也。"②从战国后期开始,人们逐步将二者连称出现"道德"一词。

今天我们讲的道德,指的是用以调节人与人之间包括个人与集体、社会之间关系的价值观念和行为规范的总和。特别要提出的是,现实社会中的道德,必须是道德价值观念与道德行为表现的高度统一,否则不能成为道德。仅有观念的道德是没有任何实际意义的;反之,仅有表面道德行为而没有内化形成观念的道德是伪道德,我们通常看到各种假大空的形式主义就是属于这种情况。

(二)道德养成

道德养成,指培育、养成良好的道德行为习惯是经过持之以恒的道德行为养成训练,并通过潜移默化,把道德的基本要求,内化成为"人格"的一个

---

① 吴然:《优良道德论》,人民出版社2007年版,第5页。
② 《左传·文公元年》。

部分，形成良好的道德行为习惯，使之在面临各种道德选择的情况下，能够自觉地按照道德要求去行动。道德养成有三个基本要素：一是必须有规范约束；二是必须有实践训练；三是必须持之以恒地培养，然后形成良好习惯。

从方法论上讲，道德养成是一种实践方法。一方面，人们道德价值观的形成，都必须经过生活实践形成并固化，而不是形成于理论灌输和概念的宣传教化；另一方面，人们良好道德行为习惯的形成，也都要通过实践进行长期的行为训练才能形成。道德养成，从主体性看来，是人们自觉的实践训练，以致道德观念的内化和良好道德行为习惯的形成；从社会或学校教育看来，是指教育者通过精心的设计、科学的机制，有目的、有计划、有组织地对教育对象进行系统的道德实践训练，以逐步形成教育对象正确的道德价值观和良好的道德行为习惯。

（三）高校学生道德养成

高校学生道德养成，有两层含义：一是培养、养育大学生良好的道德行为习惯；二是指对大学生的道德教育方法。这里既包括大学生作为主体自觉性的道德内省外术；也包括教育单位（大学）有目的、有计划、有组织地对对象（大学生）施加系统道德实践训练活动。本研究所指高校学生道德养成，主要是围绕"高校作为教育者如何有效地进行道德教育"这个角度进行讨论的，也尽可能系统讨论高校学生作为主体性的自觉的道德养成教育。

如前所述，在我国德育的实践中，有一个误区现在表现得越来越明显：就是以为道德养成是中小学阶段的事情，大学及大学生已经不再需要了。我们不难发现，现在极少的大学还保留有出操、升旗等等制度。因此，我们提出高校学生道德养成的概念并进行相关研究，特别具有针对性的意义。"实际上，受教育者从接受思想道德观念到形成道德品质是一个长期的、反复的过程，必须伴随着道德思维水平的提高和道德能力的养成，才能保证受教育者道德素质的形成。"[①]罗国杰教授认为："养成教育的重点，是要从幼

---

① 邱伟光、张耀灿：《思想政治教育学原理》，高等教育出版社1999年版，第60页。

小开始,日积月累、持之以恒、坚持不懈,时时处处进行道德教育和道德感化,'养育'并'形成'一种履行道德规范光荣、违背道德规范可耻的观念,凝聚为按照道德要求去行动的习惯。"①养成教育被认为是德育之根基。古希腊的哲人就认为:"德是表现在行为上的习惯","德只能在习性或制约中寻求"。所以说:"一个人道德品质的确立,绝非一朝一夕之功,而在于一点一滴的养成。"②显然,道德伴随着人的一生,道德修养当然不可一日偏废。大学生在大学阶段不可能是道德养成的终结,大学必须承传中小学教育,使道德建设更上一层楼。

(四)本书的叙述结构

本书以"高校学生道德养成的理论与实践"作为主线,既研究理论问题,又探索实践问题。围绕这一主线进行的各个研究范畴尽量立足现实,突出应用指导及实践操作性。我们可以这样描述本书的基本逻辑线索:大学教育"以德为首"是一个普遍得到认同的理念,大学生道德问题突出是一个基本现实,反过来看说明我们的大学教育一定还存在必须解决的问题。针对大学生道德的现实问题,我们有必要先理清大学生道德形成与发展的基本理论问题,同时更加突出从大学制度与文化的角度,研究大学生道德建设的实践问题,为我国大学生道德建设提供一些具有普适意义的参考路径。

针对经济主义、物质主义时代大学使命相当程度的异化,第一章以"大学使命:以德为首"作回应,从中外大学的德育传统及当代大学更加重要的德育使命进行讨论,目的是从根本上理清大学的价值,唯此我们接下来对大学教育所有的研究及大学所有的行动才会具有实际意义。同时,研究当代大学及大学生道德问题,如果就事论事也很容易自我满足陷入误区;如果将视野进一步延伸到社会,从国民道德基本现状等方面观察研究,很多问题我们会看得清楚些。因为,大学是国民教育系统的最高阶段、最后环节,是学

---

① 罗国杰:《公民道德建设与养成教育》,《中国教育报》2003年9月30日第4版。
② 赵蓓蓓:《养成教育——德育的根基》,《人民日报》2000年11月19日第3版。

生从学校走向社会的主要连接点,大学教育成功与否可以从社会道德现状看出来,特别是高等教育大众化时代到来之后。所以,本研究有不少地方是跳出学校来观察的。

从国家层面讲,国民道德本质上就是一种软实力。国家软实力在文明时代是一种更为强大的竞争力量,是国家文明富强及现代化的最核心基础。国民道德水平的高低首先是由教育决定,其次是由主导社会发展的精英决定(在中国主要还是各个时代的大学生决定),综合起来基本的逻辑结论是大学生道德水平决定国家命运。因此,第二章以"学子德行,关乎国运"为标题,从大学生的责任出发,进一步讨论大学生道德现状及成因。

大学生道德养成,并不涉及很复杂的理论建构,重要的是实践与应用。因此,第三章简单梳理了道德养成的基本理论与方法,并对大学生道德养成的主要内容进行概括,作为本书完整结构的重要部分,但不作大篇幅展开。

大学生道德养成最基本的途径与手段有两方面:一是大学制度,二是大学文化。大学制度是道德养成的硬手段,通过制度规制大学生道德行为习惯;大学文化是大学生道德养成的软约束,能够有效巩固、涵养大学生道德观念与道德品质。因此,第四章"制度规制:习惯养成"和第五章"文化涵养:价值根植"无疑是本书之核心内容。这两章的研究思路是在结合现实实际的基础上,一方面重视研究制度及文化对道德养成的作用机理,另一方面也重视研究制度及文化对大学生道德养成的实践探索与操作办法。

第六章从实践探索角度,专门分析了道德养成的一些例子,其中部分例子是本人在高校教育教学实践中所进行的实证研究及其成果。鉴于我国高校的办学制度、管理措施、组织机构具有高度的一致性,因此本人在高校教育教学实践中进行实证研究的成果应该有相当代表性,某些经验也具有一定的推广价值。同时,发生在国内其他高校的一些例子,也还有一定的典型性,分析其成因对避免再发生更多消极事件,也是有作用的。

对大学生道德养成理论与实践的研究,本书并不能关注所有内容,在所涉及的内容中也还不能说解决了所有问题。但作为长期大量实证研究的成果,我们期望或多或少达到如下几个目的:一是大学人要懂得大学教育,将育人与教书看成同等重要的大事;二是通过这一研究成果,不仅进一步丰富和完善我国大学生道德养成的理论内容,更重要的是能够对大学生道德养成的实践产生启发、指导、借鉴的意义;三是通过此书与各高校领导、辅导员、班主任及各任课教师共同学习进步,探讨促进道德养成的多种渠道,不断提高教育水平,为我国高等教育事业作出应有贡献。

第一章　大学使命：以德为首

  大学之道，在明明德，在亲民，在止于至善，知止而后有定，定而后能静，静而后能安，安而后能虑，虑而后能得。物有本末，事有终始，知所先后，则近道矣。

  古之欲明明德于天下者，先治其国；欲治其国者，先齐其家；欲齐其家者，先修其身；欲修其身者，先正其心；欲正其心者，先诚其意；欲诚其意者，先致其知；致知在格物。物格而后知至，知至而后意诚，意诚而后心正，心正而后身修，身修而后家齐，家齐而后国治，国治而后天下平。

  自天子以至于庶人，壹是皆以修身为本。其本乱而末治者否矣；其所厚者薄，而其所薄者厚，未之有也。

  这是中国传统文化经典四书之首《大学》开篇之论，其立论准确、逻辑严密、说服力强而流传几千年经久不衰。

  虽然《大学》中的"大学"与现在的"大学"意思不完全相同，但古之《大学》揭示了今之大学的核心价值：道德为本。道德为本有两个层面的内涵：一是作为教育主体的大学是有道崇德的并以此作为其存在之本源，通俗地说就是大学要以其先进的价值理念、深厚的文化积淀促进人的健康成长；二是作为求学主体的大学生成长和发展之道，即做人以德为本。如何立足于现实，正确认识大学之道，实现大学的理想，将是我国大学所必须首先面对和解决的重要课题！

第一章 大学使命：以德为首

一、以德为首是大学传统的核心价值

提出这样的观点通常会受到泛道德化或泛政治化的质疑，我们可以通过一个非常简单的逻辑消除类似的疑问。首先，大学的使命是什么？虽然有好多不同的答案，但归结到一点就是教育。接着，大学教育的目的是什么，虽然也有好多争论，但归结到一点就是大学生的健康成长。再下来，大学生健康成长的根本是什么？同样也有好多因素，而归结到一点就是道德。因此，无论是什么样的大学，无论是怎么样办大学，道德教育必然是大学的核心价值理念。

（一）我国以德为首的教育传统及其启示

中国的高等教育源远流长，早在公元前14—公元前11世纪的殷商时代就有了大学的雏形"右学"，其后又有冠名为"学宫"的，西汉开始设立的太学，隋朝、魏晋设立的国子学，北宋起开始的书院讲学，明、清设立的国子监都是中国古代意义上的大学。虽然这些"大学"仅仅是中国古代教育的一部分，但与整个中国传统教育一样，其以德为首的教育思想是始终如一的。本书开篇所引用的中国古代传统文化之经典著作《大学》就非常系统地阐述了以德为首的"大学"教育理念。

在中国的教育史上，以德为首是一个优良的传统，最具有代表性的并且对我国教育实践产生重要影响的是孔子。孔子是我国古代伟大的教育家，他的教育实践无不体现了以德为首的教育思想。在他的影响下，逐步形成了我国以德育为首的教育思想和教学体制。孔子教育学生，并不是把他培养成为有某种技能的专门人才，教育的目的就是使之"成人"，教育的内容就是怎样"做人"。孔子特别重视"道"，就是"成人"、"成德"的根本，这是孔子育人的重要目的与内容。如"诗"、"书"主于"文"，是立言的根本，"礼乐"主于"行"，是立身行事乃至"成人"的根本，所谓"兴于诗，立于礼，成于乐"（《论语·泰伯》）。孔子教育他的儿子孔鲤也是要学诗、学礼，否则无以立言、立行(《论语·季氏》)。孔子说:"君子怀德"(《论语·里政》),又说:"志于道,据于德,依于仁,游于艺"(《论语·述而》)。由此可见他把人的道德品质放在第一重要位置。他在教学内容的安排上,处处体现了道德教育的重要性。"子以四教:文、行、忠、信"(《论语·述而》)。这里,除了"文","行"、"忠"、"信"三教都属于道德教育范畴。由此可以证明,道德教育是孔子教学的重心。在知识教育与道德教育的关系上,孔子说:"弟子入则孝,出则悌,谨而信,泛爱众,而亲仁。行有余力,则以学文"(《论语·学而》)。这也是强调德育首位思想。后代儒家都遵循孔子的这种办学方向,逐步形成了我国以德为首的教育传统。唐代大教育家韩愈"传道、授业、解惑"说,更加明确地指出一个教育者的职责首先是传道,即传授做人道理;其次才是授业(传授业务知识)和解惑(解决疑难问题)。授业解惑的目的是传道,用今天的话说就是教书育人。教书是手段,育人是目的。以德为首的教育思想在我国世代承传,影响深远。我国古代学校都有明确的道德规范约束学生的日常行为习惯,以逐步养成良好的道德品格。朱熹在《白鹿洞书院揭示》把"父子有亲,君臣有义,夫妇有别,长幼有序,朋友有信"等道德伦理关系列为"五教之目"。王守仁在《教约》中明确规定:"每日功夫,先考德,次背书诵书……"颜元在《习斋教条》中把"孝父母、敬尊长、主忠信、申别义、禁邪僻、勤赴学、慎威仪、肃衣冠……"等等列居条目之首。"修齐治平"不仅是我国古代知识分子的理想人格追求,也是一条根本的教育原则,对历代知识分子的成长都产生了重大影响。总之,以德为首是我国古代最有影响的教育思想。

通常而言,教育是国运兴衰的关键,这是一个基本常识。我国以德为首的优良的教育传统,也成就了我国历史上长期持续的强大与繁荣。尽管我国历史上经常爆发周期性的农民战争,造成相当严重的破坏。但是中国近代史前,我国一直还是世界上最富裕最强大的国家,而且是名副其实的礼义之邦,这是一个不争的事实。按照一般的逻辑,古代中国的强大,是教育的成功。教育的成功,不如说是伦理道德教育的成功。因为,伦理道德教育给人以精神支柱、处世原则及价值认同,使个体感受生活的意义而不会消极堕落;同时,伦理道德教育的个体意义,对国家来说就是秩序与和谐,并促进经济社会的健康发展,用我们现在的话语来说就是以德治国。如果将这个话题延伸到近现代来讨论,我们同样可以发现,中国近代的衰落,在科学技术落后这个原因的背后,最根本的恐怕是社会传统道德伦理价值被破坏而现代社会价值观念却没有确立起来导致的社会价值混乱!在中国真正"睁眼看世界"以后大办洋务,使科技水平和实力逐步接近世界甚至某些方面还赶上世界的水平,但中国依然没有实现复兴的梦想。反观近代以来一些迅速崛起的列强,其共同点就是有一个非常成功的公民教育,公民教育的实质就是广义的道德教育。日本的经济堪称世界奇迹,而日本的社会秩序也堪称世界奇迹:广岛亚运会闭幕式后,能够容纳六万多人的体育馆没有留下一张纸片、一片果皮、一个空瓶!再放大一些来考察:凡世界经济强国,都秩序井然。这样的比较虽然是粗线条的,但这些足以让我们所有的办教育的人,不论是政府、教育行政部门、各类学校,当然包括大学,都必须首先考虑教育的核心价值问题。

(二)西方大学理念中的德育思想

理念是一个哲学概念,哲学上的理念与观念同义。一般认为,理念是人们经过长期的理性思考及实践所形成的思想观念、精神向往、理想追求和哲学信仰的抽象概括。所谓办学理念,是指人们对自己学校的定性、定位及职能的认识。即要把这所学校办成什么样的学校,怎样办成这样的学校。大学的理念是关于大学的基本性质、理想模式、目标追求、社会责任方面的系统思想。大学的理念是大学的生命和灵魂,没有理念,大学则无以倚立。当然,大学是社会发展的产物,随着社会的发展而不断发展变化,大学的理念也是不断变化的。但是,大学的理念无论如何变化,始终关注人的成长这一点却是永远不变的。

一般认为,除了少数例外(如开罗的 Al-Azhar 大学),现代大学来源于欧洲中世纪大学,多与宗教神学有关。比较著名的巴黎大学(Univergite De Paris)系由巴黎圣母院大教堂学校发展而来,以研究神学著称。1198 年教皇西勒士丁三世赐给巴黎大学许多特权。1215 年正式称大学,1231 年罗马教皇肯定该大学的自决权。该校分文、法、医、神学四科,后来发展为西欧各大学"典范",被誉为"世界大学之母"。比较有意思的是,1167年创办的英国牛津大学,是从巴黎大学回国的英国学者以巴黎大学为榜样建立起来的。1209年,由于牛津学者与当地居民发生冲突,部分学者逃离牛津,到剑桥落脚,遂出现剑桥大学。1636年,在美国出现的第一所大学,是把剑桥大学的模式移植过来,学院最初就定名为"剑桥学院"(Cambridge College),几年后为纪念哈佛牧师对学院的贡献才改名为哈佛学院(哈佛大学的前身)。从巴黎,到牛津,到剑桥,再到哈佛,这几所具有特别渊源的大学,无论是传统还是现实,在世界上都是闻名遐迩有口皆碑的,说她们是世界一流大学的杰出代表是一点也不为过的。现在人们讨论要坚持什么样的大学理念、如何办一流大学,无不以她们为楷模。而不论人们从教学型、研究型、还是教学研究型等角度去研究和讨论,始终绕不开这些大学一以贯之的德育传统。

　　这里我们还有必要说明,德育的目的和内容都是反映一定的时代要求、体现一定的民族文化传统,同时与社会政治经济制度也是息息相关的。而且,在方法和途径上,有的奉行德目主义,有的则强调全面主义,有的则两者兼顾。所以,我们必须以这样的视野来讨论和研究这个问题,而不宜以我们自己的德育内容方法作为尺度来衡量别人的模式。特别是现代西方国家,更多地强调隐性德育。我们不能停留在表面上去研究和借鉴西方的教育理念和制度,否则画虎不成反类犬。

　　下面我们回过头来看这几所世界知名大学初期的办学理念。中世纪的欧洲,学校教育有着悠久的传统。而欧洲从混乱到形成秩序的过程中,教会起到了很大的作用。遍布欧洲大陆各地的修道院,其实就在执行着学校教育的功能。巴黎大学最早也是从教会学校发展起来的,建校的立意,就是教穷孩子学习神学。在具有浓厚宗教神学传统的欧洲,学习、研究并传播神学,目的就是要肯定和维护一种由"神"规定的社会秩序,其社会功能与现在的学校德育是没有区别的。因为,从特定意义上讲,服从神的旨意,便是当时社会最高的道德要求。牛津和剑桥,首先是以巴黎大学为蓝本建立起来的,其创办之非常明确的目的就是培养绅士。绅士是当时英国社会最高的人格要求,其道德修养是至善的。如此看来,他们办大学虽然也是在传授实用技能,也进行有关职业的训练,但其更重要的目的却是训练某种礼仪、

第一章 大学使命:以德为首

风度、德行。哈佛大学教授塞缪尔艾略特莫里森(Samuel Eliot Morison)如此描述16、17世纪的牛津与剑桥:一个新的阶级在兴起。在羊毛贸易与海外商业活动中致富的家族……希望将自己的儿子培养为绅士,为他们追求富有活力的生活做准备。牛津与剑桥就成为这些年轻人的适当寓所,使他们得以在豪华的建筑、和谐的环境下阅读礼仪书籍——据伊拉斯莫称,阅读此类书籍是绅士教育不可或缺的。① 后来成立的哈佛大学也同样继承牛津、剑桥的绅士传统。著名的哈佛大学校训是:与柏拉图为友,与亚里士多德为友,更与真理为友。这个校训首先体现的是一种对理想的人格的追求,这样崇尚理性、追求真理、探索进取的人格,谁能说这不是美国追求民主法制社会对公民素养的最基本要求?直至今日,尽管巴黎、牛津、剑桥、哈佛几所大学的理念都在不断发展,并在其他领域也取得了非常辉煌的成就,但她们成立之初期确立的绅士(我们可以理解为德育为首)传统是始终如一的,是丝毫没有改变的。当今美国各大学一个共同的也是很重要的目标就是"培养有教养的人"。据《北京人才市场报》(2004-11-10)载:几年前,哈佛神学院录取了一个看起来很奇怪的学生,有人把他当做一个不折不扣的傻子。他不仅仅多才多艺,而且各个方面都非常杰出。他的理科成绩几乎满分,被麻省理工学院录取,他的小提琴演奏水平已可以直接进纽约交响乐团,被著名的朱利亚音乐学院录取。无论是读麻省理工学院,还是搞音乐,都是可以挣大钱的,"钱"途比一个神学院的毕业生要远大得多,神学院毕业的很可能连工作都找不到。为什么他要进神学院?这是很多教授都感兴趣的。听听他的回答吧,他说,我还年轻,钱总是可以挣到,可以慢慢来,可是,信仰的问题,神是什么,人何以才能超越,这些是我的人生的功课,这些功课不做,我活着一天都不得安宁。我读书不是为了职业,而是为了我的人生。他的回答能够引发我们思考的是:读书是为了什么?大学又是为了什么?他的选择与其说是自己的价值取向,不如说是大学这种能够使人修身养性、觉悟人生的魅力。大学最恒久的魅力就是始终关注人的成长和发展

---

① W. H. Cowley, Don Williams. International and Historical Roots of American Higher Education[M]. New York:Garland Publishing Inc,1991:51-2.

价值、能够解决人类的终极关怀这一根本的问题,否则任何所谓的研究成果对人类来说又有什么意义,当然如果不能首先解决人本身的问题,通常也不会有什么重大的研究成果。这也是目前国内一些大学大楼林立、教授众多、经费充裕却少见突出成就的原因,因为好多学者并不把教学和研究作为其生活方式,更妄论理想追求与神圣的使命!当然也不可能培养持之以恒的、探索真理的人格精神。

虽然大学早在13世纪已经产生,但现代大学制度诞生的标志是当时任职于德国内政部宗教和教育司的洪堡(W. von Humboldt)在1810年受命组建柏林大学。洪堡对现代大学发展理念的突出贡献可以归纳为两点:一是教育与研究相结合;二是大学的独立与自由精神。洪堡被认为是德国现代高等教育之父,也是对现代大学制度贡献最大的思想家。作为对德国以及世界现代大学发展作出突出贡献的教育家,人们都知道洪堡"教育与研究结合、大学独立与自由"的思想极大地丰富了大学的思想文化内涵,拓展了大学的功能,并使柏林大学成为"现代大学之母"独领风骚近百年。而不受人们重视的也讲得不多的却是洪堡的大学理念中不可分割的一个非常重要的部分,就是其重视道德教育的思想。首先,德国大学的兴起是与德国民族意识的形成和民族国家的构建联系在一起的。拿破仑征服德国唤醒了德国的民族意识。1806年,普鲁士国王威廉三世在反省普法战争失败时提出"要以精神力量弥补躯体的损失"。德国著名哲学家费希特呼吁:德国必须通过发展教育振兴民族精神,实现民族的使命。只有教育能够使个人的道德、知识、体力、经济能力得到充分发挥。[①] 洪堡就是以承担重构国民的精神品格之神圣使命来创办柏林大学的。其次,育人的目的及通过科学研究完善道德是洪堡教育思想中的重要部分。洪堡认为:教育的目的是充分发展个人的一切能力和个性,使这成为像古希腊人和法国人那样意识到自己尊严的、有教养的、独立自由的公民。[②] 他特别强调科学研究对于道德完善

---

① John Henry Cardinal Newman. *The Idea of a University* [M]. London: Longmans, 1947: 134.

② 张汝伦:《人文主义的大学理念与现代社会》,《天涯》1997年第3期,第9页。

的作用:"大学的真正成绩应该在于它使学生有可能、或者说它迫使学生在他一生当中有一段时间完全献身于不含任何目的的科学,从而也就是献身于他个人道德和思想上的完善。"①再次,德国国民具有很高的公民素质就是德国大学的贡献,德国成功的教育促进了科技、经济的迅速发展,并成就了国家的现代化。

尽管我们不能对西方大学的理念作出完全的分析,但以上几所大学应该具有代表意义。至此,我们可以简要地作一些概括:近代欧洲大学的两种教育理想模式分别以英国牛津大学和德国柏林大学为代表:英国大学的教育目的是在养成"Gentlemen"(绅士);德国大学的教育目的是要培养"Scholar"(学者)。而美国则兼容了英、德二者的大学理想,即现代大学的功能既不限于纽曼的"知识传播之地",也不限于洪堡的"知识传播之地与知识产生之地",而是赋予了直接为社会服务的新功能。考察西方大学发展的线索,我们可以认为:西方大学的理念不断随着社会的变迁不断丰富、发展、完善的同时,并不否定其初始的德育(绅士)传统,继承、发展、完善是其基本主线。虽然在发展的过程中,也产生过在人文主义与科学主义、理性主义与功利主义此起彼伏的冲突和制衡,但"教育的钟摆"并未真正偏斜,教育的主体性和教育中人的主体性从未真正丧失。因为解决人的健康成长问题,始终是任何教育必须首先要正确回答的问题,大学也必然在这样的基础上持续发展。相对而言,人们的道德价值观念及其人文素养具有抽象性的特点,其形成也具有渐进性特点,再加上西方社会比较注重的隐性德育的方法,其形成与发展自然不如单纯教授某种技能那样立竿见影,有些人感觉不到他的存在,自然也不把他当一回事。但无论如何,至今没有一个大学会说自己只教书不育人的(实际上能不能做得到则是另当别论),所以德育在高等院校是一个不可回避的客观存在,以德为首又是大学的基本传统。

(三)我国现代大学的发展及其理念

中国现代大学制度的起源,具体来说,是由洋务派以"自强"为目的而

---

① 转自1984年9月1日《中国教育报》。

从国外移植进中国的一项新制度。盛宣怀在1895年的"拟设天津中西学堂章程禀"中提出"自强之道,以培育人才为本,求才之道,尤宜以设立学堂为先",他这里所谓的学堂后来也被称为"新式学堂"。1898年京师大学堂的开办,1905年"废科举,设学校",是中国教育制度至为关键的"现代转型",是中国现代大学之发轫。至1912年,京师大学堂改名北京大学,成为中国真正意义上的现代大学之开端。同年,南京临时政府任命蔡元培先生为教育总长。9月,民国政府教育部公布了新的教育宗旨:"注意道德教育,以实利教育、军国民教育辅之,更以美感教育完成其道德教育。"①曾游学德国四年的中国杰出的现代教育家蔡元培先生还亲自制定并颁布了《大学令》和《大学规程》。《大学令》是建立现代大学制度的早期文本。这一法令确定了大学"教授高深学术"的宗旨,作了"学"与"术"的分离,确定了大学以文、理两科为主的综合性,确立了大学设评议会、各科设教授会,采取"教授治校"的制度。

  1917年,蔡元培受命担任北京大学校长,他在就任校长时着重阐明了以下三点:一曰抱定宗旨。大学者,研究高深学问者也……所以诸君须抱定宗旨,为求学而来,法科者,非为做官;入商科者,非为致富。二曰砥砺德行。三曰敬爱师友。可以说蔡元培先生奠定了北京大学乃至中国大学兼容并蓄,学术独立、思想自由的精神,确立了大学之为大学的基本准则和文化精神。蔡元培的治学思想和大学理念,实际上体现了"知识传播、知识发展和服务国家"的现代大学理念,也因此形成了北京大学的"爱国、进步、民主、科学"的精神。从那时起,学术独立、思想自由与文化创新成为中国大学占主流地位的理念。在此之后,我国的教育家都能以先进的办学理念指导教育的实践,如清华大学校长梅贻琦在其所作《大学一解》中就以《大学》中的"大学之道,在明明德,在亲民,在止于至善"作为其教育理念的基本思想:"今日之大学教育,骤视之,若与明明德、新民之义不甚相干,然若加深察,则可知今日大学教育之种种措施,始终未能超越此二义之范围。"②潘光旦

---

① 顾明远:《中国高等教育传统的演变和形成》,《高等教育研究》2001年第1期。
② 梅贻琦:《大学一解》,载眭依凡:《学府之魂》,江西教育出版社2001年版,第28页。

认为大学教育的宗旨不止是教人做人、做专家,而且是要做"士"——承当社会教化和转移风气之责任的知识分子。交通大学的唐文治,致力于将文化传统融于现代教育之中,通过文理沟通、两文(中文、外文)并重以实现"体用兼备"的教育目标。南开大学校长张伯苓为南开制定了"允公允能"的校训,主张德智体美四育并举。李大钊十分重视教育在社会改造中的作用,强调要通过教育来唤醒和提高人们的觉悟,改变中国人的道德精神面貌、心理素质、思维方式,促使民族精神的再生和再造。虽然这些表述各不相同,但其共有的理念就是育人,就是培养全面发展的人。在先进的、科学的大学教育理念的指引下,尽管当时中国政治动荡、兵荒马乱,却在短短30年的时间里,出现了以北大、清华、西南联大、交通大学、南开大学、东南大学等为杰出代表的一批现代大学,造就了整整一代各个学科领域的学术大师,培养了一大批爱国知识精英,成为近现代以来拯救国家民族于危难之中的中流砥柱。

不难看出,我国现代大学虽然诞生在一个时局动乱的特殊时期,并且承担着争取民族独立解放之大任,但其重视德育这一基本的教育理念一直是非常清晰的。首先,教育部颁的教育宗旨里非常明确的强调要注意道德教育,实利教育及军国民教育是辅助,最终还要以美感教育完成道德教育。其次,各个大学也都非常重视道德教育。表面看来,各个大学的办学理念在表述上各不相同,但其一致的地方都是重视思想道德教育,几乎所有的大学的校训中都包含有道德的内容和要求。

(四)新中国成立后我国大学教育的方针

1950年6月1日至9日,第一届全国高等教育会议讨论了高等教育的方针、任务、课程改革及学制、领导关系等问题。这是我国第一次明确提出高等教育的方针。1953年9月,高教部举行第一次全国综合大学会议,确定:"培养出能胜任各种建设事业的专家,是新型高等学校培养德才兼备人才所应遵循的道路,也是综合大学的基本方针。"

1957年2月,毛泽东在最高国务会议上所作的《关于正确处理人民内部矛盾的问题》的报告中提出:"我们的教育方针,应该使受教育者在德育、智育、体育几方面都得到发展,成为有社会主义觉悟的有文化的劳动者。"这是党对教育方针第一次作出的明确阐述。1958年,中共中央、国务院《关于教育工作的指示》提出:"党的教育工作的方针,是教育为无产阶级的政治服务、教育与生产劳动结合;为了实现这个方针,教育工作必须由党来领导。"毛泽东在一九五八年的一次讲话中强调:"教育必须同生产劳动相结合。劳动人民要知识化,知识分子要劳动化。"

粉碎"四人帮"后,邓小平又丰富和完善了我国的教育方针。他及时重申了德智体全面发展的方针。他说:"我们的目标是'四有'","'四有'就是有理想、有道德、有文化、有纪律","要努力使我们的青少年成为有理想、有道德、有知识、有体力的人,使他立志为人民作贡献,从小养成守纪律、讲礼貌、维护公共利益的良好习惯"。他提出了"三个面向"的要求。1983年10月1日,邓小平为北京景山学校题词:"教育要面向现代化,面向世界,面向未来",给我国教育事业发展指明了新的方向。

20世纪90年代以后,党和国家对教育方针的表述趋于规范化。1995年国务院通过的《中华人民共和国教育法》规定:"教育必须为社会主义现代化建设服务,必须与生产劳动相结合,培养德、智、体等方面全面发展的社会主义事业的建设者和接班人。"江泽民同志1999年在全国教育工作会议上的讲话,对我国教育方针又作了进一步完善:"我们必须全面贯彻党的教育方针,坚持教育为社会主义为人民服务,坚持教育与社会实践相结合,以提高国民素质为根本宗旨,以培养学生的创新精神和实践能力为重点,努力造就'有理想、有道德、有文化、有纪律'的,德、智、体、美等全面发展的社会主义事业建设者和接班人。"1998年通过的《中华人民共和国高等教育法》规定:"高等教育必须贯彻国家的教育方针,为社会主义现代化建设服务,与生产劳动相结合,使受教育者成为德、智、体等方面全面发展的社会主义事业的建设者和接班人。""高等教育的任务是培养具有创新精神和实践能力的高级专门人才,发展科学技术文化,促进社会主义现代化建设。"这是我国第一次将高等教育方针以法律的形式确定下来。

总体看来,新中国成立后我国高等教育的方针尽管经历中国社会多种复杂的运动和变化,其表述在各个时期也不尽相同,但重视德育这一点上也是不变的。当然各个时期对道德的标准与要求有所不同,有时也有泛政治化的倾向。现在我们比较统一的"四有"说,即有理想、有道德、有文化、有纪律,其中的"三有"都是高校德育需要承担的工作内容。

二、当代大学肩负着更加重要的德育使命

传统的社会结构比较简单,人们的思想观念及价值系统也比较单一,道德建设的环境自然不复杂。在这种情况下,大学的德育功能是非常明确的。但随着社会经济的不断发展,大学的理念也在发生深刻变化,甚至忽视了其最根本的德育功能,这就是一种异化。事实上,社会越是发展,其价值观念越是多元化,社会核心价值观念建设的任务就更加艰巨,大学就是社会核心价值观念的理所当然的守护者。

(一)大学要走出迷途与异化

我国高等教育60年,早期是受"文化大革命"的影响,后期是受市场化、产业化的影响,都不同程度地发生异化。大学如果发生异化,教育发展不正常,德育更无从说起。大学必须回归真正的教育,必须回归人文关怀。

1. 大学的异化

大学的迷途与异化是大学发展中的问题。我们还是有必要从本来已经解决的"德才之辩",即大学生的成人与成才的关系问题进行讨论。

一般说来,德指人的政治思想素质、道德素质和心理素质,德是一个人的灵魂,德决定了一个人的行为方向——为什么人生目的而奋斗;决定了行为的强弱——为达到目的所做努力的程度;决定了行为的方式——采取什么手段达到目的。德表现了人的普遍社会性,是对人的一种社会要求。才一般是指人们所掌握的具体的技巧或者技能。当代大学生,成才固然重要,修德也必不可少,理想的目标是德才兼备。两者之间,以德为本。这样的理解应该没有太大的争议,"先成人后成才"这一人生成长的基本逻辑也是得到人们普遍认同的,"人才"这个词也是"人"在前"才"在后的。对大学生

来说,"成人"属于道德品格的范畴,"成才"属于知识技能的范畴。在人生发展的整个过程中,"成人"需要持之以恒的修养和践行,也就是说道德教育和修养是贯穿人的整个一生的,是一个连续的不可中断的过程;"成才"则具有阶段性,即有不同的发展阶段,如小学、中学、大学等阶段的不同目标和要求,不一定非得连续不断。在"成人"与"成才"的关系上,"成人"是前提和基础,同时也是"成才"的意义所在。北宋司马光在《资治通鉴》中对德才及其关系作了一个非常经典的论述:"聪明强毅之谓才,正直中和之谓德。才者,德之资也;德者,才之帅也……是故才德全尽,谓之圣人;才德兼亡,谓之愚人;德胜才,谓之君子;才胜德,谓之小人。"

　　从以上论述及"德才之辩"看,加强道德建设重视育人是大学的重要使命。然而,在大学的发展历程中,由于受到各种世俗影响,大学的功能出现异化,德育不再为首甚至变得可有可无。大学的异化是指大学在发展中被利用被改造使其逐步背离传统,进而使目的和功能、精神与理念发生各种变化,典型有两方面:一是经济异化,即明目张胆地说要办大学赚钱,有的是披着教育的外衣赚钱,用最流行的说法就是商品化、市场化、产业化。大学的经济异化或者说是市场异化主要是在1992年我国确立市场取向之后,特别是提出教育产业化之后变得十分明显。政府及办学者将大学变成一个赚钱的机构,高等教育被市场及功利绑架而失去教育本性。二是政治异化,即高等教育被政治绑架。早期的异化表现在"文化大革命"时期,我们在口号上虽然强调"又红又专",实际上只讲"红",教育成为政治的传声筒。当下的一种倾向就是把大学当做是个政治或社会管理机构,当前大学中行政主导一切、而且普遍存在着数量比教师还多的行政人员及高低不等的行政级别,就是政治或者行政异化的明显表现。应该说,我国早期大学的政治异化对大学产生了各种消极影响,但这种影响还是单向的,大学的方向是始终明确的,大学至少在政治信仰培养等方面也算是成功的。而当下我国大学的异化是双重的,更糟糕的是政治与经济的异化是反向的,这必然导致大学价值理念的更大的混乱,造成的后果是严重的,好多大学甚至找不到正确的发展方向。在这种情况下,受影响严重的一些高校如果逐步变成一个怪胎,那也是一件比较自然的事情。大学的各种异化对大学德育产生的影响非常明显:第一,好多教师只教书不育人。由于对大学及其精神认识上的误区,即认为大学的功能仅仅是传授知识和培养技能的。这样的认识在各个大学中具有一定的普遍性,大学中相当多的教师并不是以当大学教师为其人生理想,当教师只是"谋稻粮"手段甚至有偶然性成分,对大学的精神理念、功能并不了解。好多人只是满足于自己的课程教学,并不关心诸如学生的成长问题。一个基本的事实是,在大学中就有好多老师认为德育只是思想政治理论课程教师的事情,与其专业课程并无关系。如此一来,德育并不能在大学各个教学管理的环节中、在大学生各个成长阶段中始终如一贯穿于其中,实效性就大打折扣。尽管当今高校都将思想政治理论课程是大学生思想道德教育的主渠道及主阵地,但客观上讲专业课程教师对学生的影响相对要大得多。如果专业课程教师只管教书不愿育人,学校德育就会在专业课程教学这个阵地上丢荒。第二,好多大学生在道德修养方面放松对自己的要求。这也具有普遍性,即多数学生进入大学后都有松一口气的想法,松一口气不仅在学习上得过且过六十分万岁,而且在日常生活中放松道德修养,甚至一放松就是四年。原因有多方面,最根本的就是我们教育的异化,除了大学异化,中学阶段为了高考的激烈竞争使承担学生成长成才使命的基础教育的唯一目标就是升学率,从而使多数人的人生理想异化为大学:即上大学是人生最高理想,最高人生理想是上大学! 至于上大学以后怎么办,并不是一件很重要的事情! 第三,大学德育逐步形式化空泛化。大学德育在近年来一直受到多方批评和责难,这些批评责难也有中肯的,也有上纲上线夸大其词的。平心而论,大学德育的问题,有内因也有外因,有些方面是大学本身无法解决得了的。就大学德育本身而言,除了在地位上一直没有办法解决"说起来重要、做起来次要、忙起来不要"的尴尬局面之外,德育的内容与方法的确也存在一些问题,多年来一直解决不了的就是内容空泛、不切实际,形式单一、坐而论道,不符合德育科学发展的内在规律,更难以满足大学生成长的迫切要求。

2. 大学必须回归人文关怀

社会的发展进步,大学功能逐步多元化是个趋势,大学的某种程度的政治化、市场化、功利化是正常的也是可以接受和理解的,但极端和异化一定是堕落。真正意义的大学应该始终将人文关怀放在第一位。什么叫人文关怀？现在好多人也不一定讲得清楚。简单地说就是始终把人放在第一位。高等教育把人放在第一位，就是把人作为主体的发展、把人类的终极关怀作为第一要务。举例来说，现在很多人将获得大学文凭、学位为目标，将大学经历作为职业培训的必要过程，上大学根本的目的就是为了找一份好的、体面的工作。这就是通常讲的工具化或者功利化。事实上工具是人的所有的需要中的一个部分，但不是人作为人最根本的需要。大学教育要重视爱的教育、善的教育、美的教育等价值内涵，注意丰富学生的情感，让学生对人生有更丰富的体验，了解什么是善，教会他们理解亲人之爱，故乡之爱，给他们对自由的渴望，对道德生活的向往；教会他们用勤劳的手段去获得自己更加幸福的美好的生活信念；教会他们用同情、怜悯、爱的眼光看待世界，教会学生以爱美的心，对自由、对幸福、对人生的理解。这就是大学的人文教育。这种教育充满整个大学的过程，绝大多数时候是与学科教育统一在一起的。

为了便于通俗理解，我们还可以从一个小故事来说明这个问题。

有这样一个叫做《放羊娃故事》：几位城里人来到乡下，路上遇到一个放羊的孩子，衣着破旧，蓬头垢面。一个城里人问他："你还是一个孩子，怎么不去上学呀"？"想挣钱。""挣了钱想干什么？""盖房子。""盖了房子以后呢？""娶媳妇呗。""娶了媳妇以后呢？""生娃娃。""娃娃长大了让他干什么？""放羊。"

通常的情况，我们好多的所谓的"城里人"，受教育程度比较高，生活条件比较优越。看到这个没有书读的孩子，觉得他的境遇很可怜，他的这种生活也很可悲。有些还可能施舍（讲得好听些就是资助）一些财物。然而，在当今工具化教育的时代，包括城里人在内的好多能够接受高等教育的人，由于缺乏对人生终极价值的理解与关怀，从其人生的价值与意义来讲，他们并不见得比这个农村放羊娃多些什么，有些甚至更加可怜。

我们都是教育工作者，如果我们拿教育来说事，各位教师及家长随便提问一个埋头苦读的学生：你读书是为了什么？学生一定回答说："要考大学！"又问："考大学干什么？"又答："找好工作（挣钱）。"然后呢？买房结婚。然后呢？生孩子。孩子长大干什么？考大学！我们可以看看，这个逻辑是完全一样的。现在在高等教育大众化时代,读完大学还有好多找不到工作的人,这样看来岂不是比放羊娃还更加可怜!

我们还可以分析中国读书人的生存状态:小时候十多年寒窗苦读:累!上大学后激烈竞争:累!大学毕业四处奔波找工作:累!工作以后赚钱买房结婚:累!生了小孩以后培养小孩的参与到新一轮考试竞争中去:累!小孩大学毕业后为小孩的工作、婚姻操劳:累!孙子(女)出来后要带:累!人生归纳起来讲就是一个字:累!这就是典型的工具人生,似乎各个阶段任务目标都实现了,但却累得不行。这就是缺乏对人类自身价值和意义深入探寻与理解造成的,也就是缺乏人文关怀、人文精神的生活。这也是当代中国人,不论是富人还是穷人,都普遍感到生活空虚的根本原因。国民缺乏人文精神最根本的原因是教育缺位或者是错位导致的,高等教育是国民教育体系中一个重要的环节,同样责无旁贷。因此,我们一直强调高等教育必须走出异化,回归本源,将人文关怀、人文精神的培养摆到第一重要的位置。

(二)当代大学知识传播功能弱化,其德育功能则更加突出

早些时期,由于经济落后,资讯不发达,甚至连教材也只有学校或者教师才有,因此大学在修炼道德的同时,另一个最为重要的功能是传播知识。大学生求学最重要的使命之一就是学习各种前沿知识和技能,大学的使命自然是服从于这样的需要。当下,经济繁荣,资讯发达,文化出版业欣欣向荣,每一种知识和技能都不可能再由个别机构或者个别人独自拥有,每个大学生都能够比较方便地从各个渠道获得各种知识,这就必然使大学的知识传播功能弱化。尽管社会经济迅速发展、科学技术突飞猛进,网络教学、远程教育已经不再有各种物质技术障碍,人们完全可以通过这些途径获得知识甚至学位,然而学校并未因此消失,大学更是空前发展。其根本原因就是大学的德育功能是远程教育、网络教育无法取代的,其德育功能地位更为突出。

大学的德育功能主要通过四个途径实现:第一,教师人格示范作用。1935年爱因斯坦在悼念玛丽·居里夫人时的评价是"第一流人物对于时代和历史进程的意义,在其道德品质方面,也许比单纯的才智成就还要大"。

这无疑也适用于老师人格影响对学生成长的意义。正是因为教师在和学生朝夕相处的过程中，一举一动都影响和感染着学生，并且这种影响是超越其他方面之上的，是无可替代的。所以，每一位学生的健康成长，正是被教师优秀人格魅力的吸引、与教师人格品质的碰撞、人格层次的融合中脱颖而出的。相反，那些只能传授给学生书本知识，不会培养学生健全人格的教师，即使知识再渊博，也不能说是一名称职的教师。教师对学生的人格形成的影响主要有三个方面：一是课堂教学活动；二是课堂管理活动；三是与学生生活交往活动。第二，大学文化熏陶。大学是文化之圣地，象牙之塔，每一所大学都有自己的历史及文化积淀。任何真正意义上的文化对人都是一种无形的潜移默化的熏陶，并逐步形成其特定影响对象的具有某种特色的人格修养。第三，大学规章制度约束。我们知道，任何大学都有一套比较成熟的规章制度，反映大学的办学理念及价值追求。它以大学的管理为依托，对大学生的行为具有外在的强制性，从而为大学生日常生活行为和社会交往提供了一个相对确定的活动空间，规范约束了大学生的非理性行为，极大地减少和降低了大学生行为的随意性、盲目性和不确定性。此外，大学规章制度对学生的行为具有激励和导向功能。任何具体的规范或制度，都是对特定人群的社会行为及其相互关系的调整和规定，"是非常稳定的结合在一起的一套规范、价值标准、地位和角色"①，对人们的地位、角色和利益关系进行了较为清楚的界定，并借助于自身的强制性，规定着人们行为的选择空间，明确告诉人们能做什么，不能做什么，怎样做才是社会允许的，并最终有利于自身的发展和进步。尤其是大学规章制度以奖惩为其发挥作用的力量源泉，激励和引导大学生作出符合大学价值理念及培养目标的行为选择。第四，人际交往的能力培养。中小学阶段，学生的社会交往多是在家长的主导下进行的，再者考试的激烈竞争也使得社会交往较少，交往范围狭小，并不能真正培养出具有社会意义的交往能力。在大学阶段，学生的人际交往则是真正的具有主体自主意识的交往活动，是主体社会化的一个非常重要的过程。很多社会交往能力与习惯是这

---

① 伊恩·罗伯逊：《社会学》(下)，商务印书馆1991年版，第453页。

个时候培养出来的。

（三）关于教书与育人的例辩

就大学的价值，"教书与育人"、"成才与成人"等相关范畴，从来都是辩证统一、相辅相成的。如果非要两者分割，仅取其一，恐怕都会觉得育人、成人最重要，谁都不会说只要教书、让学生掌握技能就可以了！就此，我们在前文也进行了一些理论分析，下来我们还可以结合些例子再作些讨论。

1. 北大毕业生就不可以卖肉？

2003年7月，《华商报》连续报道了"北大毕业生陆步轩长安街头卖肉为生"一事后，引起社会各界的关注，并引起热烈讨论。对这件事，各种说法都有。有人说是人才浪费，有人觉得是市场经济在起作用，是社会进步的表现。由于立场各异自然观点不一，如果从大学教育的基本价值看来，这也是一个并不具有多大讨论意义的问题。从哲学上讲，"教书与育人"、"成才与成人"实质是"技与道"的关系问题，形而下者谓之技，形而上者谓之道。大学生接受高等教育，如果能够"技"、"道"统一，德才兼备，当然是最理想的情况；如果两者不能兼备，仅能修德、成人、得道，也是未尝不可，就算没有什么重大贡献至少其对社会是无害的；最可怕的是成才不成人、得技不得道的情况，就如掌握了黑客技术却不懂得也不自觉遵守网络行为规范一样，也如极端分子掌握原子弹技术一样，其危害后果是不堪设想的。回到陆步轩的问题，不管他是刚结业就选择以卖肉为生还是经过个人与社会一段时间的双向适应以后作出的决定，如果他自己觉得卖猪肉适合自己，做得也开心，别人何必以自己并不高尚的眼光去审视他。如果陆步轩是一种"读北大是教养，卖猪肉是职业"的境界，媒体及众人又何必自作多情！从人类文明进程及现代人文价值理念看来，人生而平等，无高低贵贱之分；人们所从事的职业也无高低贵贱之分，这也是构建和谐社会最基本的思想观念基础。因为北大毕业生卖猪肉而大惊小怪的人们，骨子里还充斥着陈旧的高低贵贱等级观念，说到底还是自己认识上的偏差问题。从高等教育角度看来，"读名牌大学从事好职业，读一般大学从事一般职业，不读大学从事差职业"并不是一个真命题。

2. 博士生为何失恋？

有一个故事流传了相当时间，流传的范围也比较广。说的是中国一个到美国留学的博士，找了一个美国的女朋友。有一次两人一起逛街，要过对面马路。斑马线前是红灯，此时夜比较深了，没有车也没有人，中国博士牵着女朋友的手非常自然地过了马路。过到对面街道之后，美国女友非常不解地问为什么红灯亮时要过马路，中国男友说没有车也没有人为什么不可以过？两人为此争吵，美国女友最后丢下了这样一句话："你这个人连个规则意识都没有，跟你还有什么意义？"从此分手。"天涯何处无芳草"，过了一段时间，博士生回国，就在国内找了一个女朋友。这次也是逛街，也是三更半夜人车稀少时过马路遇红灯，博士生因为有过一个只有自己知道不能示人的心结，就非常耐心地等着红灯变绿再过马路，无论女朋友怎么拉也不肯闯红灯过马路。最后两人也为此争吵，国内女朋友丢了一句这样的话："你这个人一点灵活性都没有，跟着你还有什么前途？"也分手了！

这个故事或许是人们编造的，但从现实上看一定是有这样的生活原型。在美国，破坏规则被认为是没有教养；在中国，违背规则则被认为是处事灵活有本事，"撑死胆大的"就是一个绝好的注脚。通常还有人说这是一种文化冲突或者说是价值冲突，这个说法是毫无理性分析的上纲上线。"红灯停，绿灯走"是个普世的交通管理规范，在任何一个国家其功能都是一样的，不具有丝毫的意识形态性，不能说在美国闯红灯是违章在中国闯红灯是灵活。我们在此无意从更多的角度讨论这个问题，单就高等教育来讲，这位中国的留美博士，至少是在中国接受了比较完整的教育，也掌握了某个专业的比较系统的知识，但其个人的道德修养还是有所欠缺的。如果这种情况有普遍性，这至少也能够说明我们的教育，包括高等教育在育人的问题上是做得不够的。

美国哈佛大学因为培养出大量的学界、政界、商界精英而举世闻名。然而哈佛大学校长每年在毕业典礼上却都对学生讲这么一句话：你们经过四年的学习，已经成为一个有教养的人，一个有教养的男人、有教养的女人。哈佛大学的毕业生无疑是学有所成的，但哈佛大学校长更加强调的是哈佛大学的毕业生是德有所修的。一个合格的公民，只要遵守社会道德规范就可以了。而一个合格的人才,是德与才的辩证统一体。相对而言,才比较外显,德则比较内隐;才或许因时而变,德则是需要持续修炼始终如一,一个有道德修养的人不会说他经常遵守道德规范。哈佛校长选择强调的成就一个"有教养的人",是非常正确的,因为这是对哈佛毕业生终身有用的东西,而四年大学掌握的才干不一定是对一个人终身有用的。由此看来,德育同样是高等学校实实在在的目标和内容,而且应该是居于首位的目标和内容,高等学校首先在这个高度上形成意识,然后优化各种道德养成机制,将高校学生道德教育落到实处。

第二章 学子德行:关乎国运

"江山代有人才出,各领风骚数十年"。大学生是国家命运自然的担当者,这一光荣而崇高的使命必然要求大学生进德修学,完善自我。就道德而言,尽管我国高校学生道德总体是好的,但存在的问题也同样非常突出,不仅直接影响社会对大学及大学生的期望和评价,还直接影响到整个大学生群体的健康成长。我们必须直面这些问题,认真研究其表现形式,科学分析其成因,这是我们进行有针对性的教育,增强大学生道德建设实效性的根本前提。

一、大学生是国家命运的担当者

在中国,至今为止大学生仍然还是社会的精英阶层,国家命运一代代传承于这个阶层。所以,大学生的素质对国家的发展至关重要。

(一)大学生是国运自然的担当者

国家是人类社会发展进程中的一种客观存在,并将持续一个相当长的历史过程。从这个意义上说,国家是伟大的、恒久的,人则是渺小的、临时的和微不足道的。一代一代的人必然会依附于一个叫做"国家"的存在以获得安全与发展,与此同时,一代一代的人都会努力建设一个叫做"国家"的存在以得到更好的发展。国家的形式及发展的使命,必然承传于一代一代的人。

教育通常都是一种国家行为,"是培养人的一种社会活动,是承接社会文化、传递生产经验和社会生活经验的基本途径"①。一般说来,大学是人类基本教育活动的最终完成者(继续教育、职业培训等不是主导的教育形式),大学生在每一个时代毫无疑问都是社会精英的代表者,自然而然担当起国家民族持续发展的重任。因此,每一个民族都重视教育,每一个重视教育的民族都会在竞争中取得优势,每一个民族都毫无例外地把其发展的希望寄托在大学生身上。以我国为例,19世纪末期才开始出现现代意义的大学,到"五四运动"时期,也才是二十多年的时间,但从"五四运动"开始,中国大学生一直是反帝反封、救国救民的急先锋,在中国革命和建设中发挥中流砥柱的作用。新中国成立后,虽然各个时期大学的政策有所不同甚至可能还有些偏差,在"文化大革命"中更是受到很大的冲击,但国家对大学生一直寄予厚望。如"文化大革命"前17年,我国对教育目的最权威的提法是"培养劳动者",反映了国家刚刚独立解放百废待兴需要大量建设人才的基本现实;文革结束后到20世纪80年代比较普遍的提法则是"培养人才",也符合"文化大革命"时期大学停办后导致的人才断层的实际情况;20世纪90年代以后则更多地使用"培养建设者和接班人"的提法……虽然各时期提法不尽一致,但却反映大学生与国家命运是息息相关的。一九五七年十一月十七日,毛泽东出访苏联时,曾在莫斯科大学接见中国留学生并发表"希望寄托在你们身上"的讲话。毛泽东当时对中国的留苏学子说,"世界是你们的,也是我们的,但归根结底是你们的","你们是早晨八九点钟的太阳,希望寄托在你们身上"。这次讲话后来在中国留学生和年轻人中产生了重大影响,鼓舞了一批又一批年轻人。

香港科技大学博士生导师丁学良先生的研究发现,11世纪至12世纪,现代大学的前身在意大利半岛出现,意大利随即成为文艺复兴的基地,最早的城邦资本主义经济亦兴起于威尼斯、热那亚、佛罗伦萨;近代大学在英国兴起后,英国很快成为第一次工业革命的领导国;位于大巴黎的那一串名校,为拿破仑的武功文治、革命大业和帝国辉煌提供了思想、技术、艺术的支持;当19世纪研究型大学的观念从德国萌发时,德国也成为第二次工业革

---

① 黄向阳:《德育原理》,华东师范大学出版社2000年版。

命中最重要的国家;19世纪末20世纪初,美国创造了典型的美国高教体系,"美国世纪"接踵而至……在亚洲,日本的东京大学是明治维新的产物,明治维新后的日本在亚洲率先进入工业化国家的行列;北京大学也是维新变法的产物,它的前身京师大学堂的创办,乃是中国迈进现代社会的重要标志。① 丁学良先生从大学变迁的角度研究,其结论受历史发展现实验证是正确的。换个角度看,丁学良先生的研究论及的实际上也是大学生与国家民族命运的关系,因为大学作为一个组织概念是以广大学生的存在为意义的,大学对国家民族的影响的具体形式是它所培养的为国家社会服务的广大学生所发挥的作用。

(二)大学生素质决定国运兴衰

大学生素质与国家命运的关系表面在两个方面:一是大学生作为人力资本身上承载的科学技术对社会经济发展的作用;二是大学生作为国民主体(高教大众化后更突出)的道德水平作为软实力而形成的国家竞争力。

1. 科学技术是第一生产力

"科学技术是第一生产力"是邓小平同志的一个重要思想,通过"科教兴国战略"成为国家意志。邓小平同志说:"马克思讲过科学技术是生产力,这是非常正确的,现在看来这样说可能不够,恐怕是第一生产力。""科学技术是第一生产力"具有丰富的思想内涵:第一,科学技术对经济发展起第一位变革作用。现代科学技术已经广泛渗透到经济活动中,渗透到社会生产的各个环节,成为推动经济发展的决定性因素;第二,科学技术在生产力各要素中起第一位的作用;第三,现代科学使管理日趋现代化、科学化;第四,高科技在知识经济中的作用更加突出。

我国实施科教兴国战略是"科学技术是第一生产力"这一论断的推广和应用,对促进我国社会主义现代化建设具有重大意义。首先,实施科教兴国战略是我国在激烈的国际竞争中立于不败之地的重要保证。当今世界,国际竞争的焦点越来越表现为经济实力的竞争,而经济实力的竞争又集中

---

① 《第一财经日报》2005年9月23日。

在科技、教育的竞争,科技、教育竞争的落脚点和归宿点都是人才;其次,科教兴国战略是促进我国经济发展,提高我国综合国力的根本性措施;再次,实施科教兴国战略是提高民族素质、实现中华民族振兴的必由之路。

当代大学生,是我国教育程度最高的群体,是现代科学技术最重要的载体,也是科学技术转化为生产力的主要实施者。从这个层面上说,就是大学生在大学期间能够努力学习、立志成才,对国家现代化具有重要意义。

2. 国民道德是国家竞争力的根本

国家是由个体组成的,国家的主体是公民。国家的强大源于公民的强大,国家的竞争力源于公民的竞争力,历来如此。在人类走出丛林法则进入文明社会以后,文化及道德在国家竞争力中的地位越来越重要,甚至发挥关键的和根本的作用。

第一,人的现代化是国家现代化的基础。人们通常以现代化作为一个国家发展的标志,现代化也是我国实现民族伟大复兴的核心指标。国家现代化的表层是物质生活水平的丰富与提高,核心则是人的现代化,人的现代化既是目的又是手段。从目的上讲,就是要使作为主体的人得到全面的发展;从手段上说,人的现代化是国家现代化的前提与基础。正如伟大的马克思主义思想家列宁所言:在一个文盲充斥的国度里,要建成社会主义,是完全不可想象的。同样道理,在我国建立市场经济,建设法治国家,如果作为组成社会的个人没有普遍地实现其基本素质的现代化,也同样是不可想象的。这个人的现代化的基本的和一般的标志,就是人的思想觉悟、道德品质、文化水平和法律意识达到了相当的高度。美国著名社会学家、哈佛大学教授英格尔斯指出:"人,尤其是普通人,在一个国家的现代化的过程中有重要的作用;国家的现代化首先是人的现代化。一个国家,只有当它的人民是现代人,它的国民从心理和行为上都转变为现代的人格,它的现代政治、经济和文化管理中的工作人员都获得了某种与现代化发展相适应的现代性,这样的国家才可真正成之为现代化的国家。否则,高速稳定的经济发展和有效的管理,都不会得以实现。即使经济已经开始起飞,也不会持续长久。"

第二,国民道德是国家竞争力的根本。① 道德对个人而言,是自我修养自我实现,对国家社会而言则是和谐与秩序。在高度社会化组织化的现代国家,公民良好的道德素养,社会井井有条的秩序,是国家竞争力的根本。马丁路德认为,一个国家的繁荣,不取决于它国库之殷实,不取决于它城堡之坚固,也不取决于它的公共设施之华丽;而在于它的公民的文明修养,即在于人们所受的教育、人们的远见卓识和品格的高下。这才是真正的利害所在、真正的力量所在。世界银行前任行长克劳森认为,经济发展的背后是人们的行为准则,即道德判断,它最终决定了经济发展所能达到的水平。当前,全球的跨国公司有90%以上集中在发达国家,它们主导着整个全球的经济和贸易,也是发达国家强大国力和强大竞争力的支撑者。而进一步考察我们就会发现:这些跨国公司持久的生命力和强大的竞争力,却无一例外地依靠它们一直十分重视营造的企业文化精神与社会责任来维系,其核心就是人性化、道德化的管理与经营,并以此赢得其员工和社会的认可与支持。我国二十多年来的改革开放,取得了举世瞩目的成就。同时,我们也应该清醒地看到,我们取得的这些成就,主要还是依托我们的后发优势、资源优势、市场优势等这些不可恒久的慢慢会消失的优势。随着中国逐步溶入世界经济,我们面临的更高层次的更加激烈的竞争才刚刚开始,其核心就是国民的道德品格素质。然而,在社会主义现代化建设中,我们的社会却出现了一些不和谐的甚至触目惊心的十分丑恶的东西:有毒大米、瘦肉精、黑心豆腐……还有市场经营活动中的坑蒙拐骗、制假贩假、盗版侵权、漠视信用等行为。这些现象的背后是人,是人的道德、人的品格、人的良心。目前,市场经济活动中的道德失范问题,已经深深地困扰一些地方及一些行业,已经在某种程度上实实在在地影响我国社会经济的可持续发展。一个国家,只有一个个道德品格高尚的国民联合,才会有伟大的民族、伟大的国家。如果一个民族没有比感官快乐、金钱和物欲更高尚的品性,那么它就只是一个可怜的生物群落。总之,不论是从理论上还是从历史的经验或是现实的实践来说,我们可以这样认为,只有具备高尚道德品格的国民,才能够创造出最

---

① 班荣鼎:《国民道德是国家竞争力的根本》,《中国教育报》2002年12月13日。

优秀的文化,才能够发展最先进的生产力,才能够创造繁荣的经济,并支撑着国家和民族强大的竞争力。反过来说,具有强大竞争力的国家和民族,才能够使其国民具有更加广阔的发展空间,使其国民更加自信、更加幸福、更加安康。

二、大学生道德现状不容乐观

从国内各个层次的、各种各样的调查结果看来,大学生道德总体上是好的,主流是积极向上的;而反映出来的问题也是相当突出,一些深层次的问题甚至成为普遍现象并可以影响全局。我们的研究是基于发现并解决问题之宗旨,在更多的篇幅中分析的是在总体中不是主流的问题,这也是整个研究的一个重要的思想方法。概括地说,当代大学生主要的道德问题:有学而不知者,有知而不信者,还有信而不行者,或者是以上兼而有之者。我们归纳为三点:一是道德价值认同、取向多样化;二是道德认知与道德实践脱节;三是道德要求与评价不一。

(一)道德价值认同、取向多样化

高校学生道德价值认同、取向多样化,是社会变迁的必然结果。这种变化进步的一面促使人们追求更加丰富多彩的生活,消极的一面是容易导致基本道德价值混乱。这样的情况在高校学生中同样也有明显的反映:一方面是大学生敢想敢做,勇于追求新的东西;另一方面也存在基本道德价值混乱的问题,包括是非观念模糊、理想信念不明确、基本规范不清楚等。

(二)道德认知与道德实践脱节

如果说大学生道德价值混乱,是没有根本解决道德基本价值问题。然而,那些基本道德价值观(即道德认知)没有问题的大学生,其道德实践也存在诸多问题。我们通常叫做道德认知与道德实践脱节,即知行脱节。这些年来,关于大学生各种各样的问题频频出现在各种媒体上,虽然有些报道不一定有典型性,但是大学生道德认知与道德实践脱节可以说是一个比较普遍的问题。表现在两个方面:一是知而不信;二是信而不行。

(三)对社会及他人的道德要求与对自己的道德要求不一致

大学生道德的另外一个问题是对社会及他人的道德要求与对自己的道德要求不一致,主要表现在对人严、对己松,对社会及他人道德不良反感,对自己不道德行为放纵。这个问题一旦普遍化,就会使个体道德人格错位、心理畸形发展,整个社会道德将更趋于失范。因为道德本质上是互利的,其生命力也在于此。要想得到,先要付出。如果人人都一味期望别人做雷锋、当英雄,而自己坐享其成,那么整个社会道德生态就必然呈现一片荒芜。

三、大学生道德问题的成因

(一)市场化、信息化的负面作用

1. 对市场化的取向及其变革准备不足

市场化的价值取向及其社会变革并不必然使道德堕落,而对市场取向及其社会变革缺乏充分准备则一定会产生问题。我国摸索渐进式的社会改革,使中国社会道德问题的产生更具必然性,对青年大学生也产生直接的影响。

首先,我国社会改革是以经济为主导并从经济开始的,一开始并不将思想文化及道德建设摆在应有的地位。对思想文化及道德建设没有予以足够重视,出现问题也是很自然的。我们抱怨了好多年的"说起来重要,做起来次要,忙起来不要"的问题,至今也还是个问题。邓小平同志在1989年春夏之交那场政治风波后曾一针见血指出:"十年来我们最大失误是在教育方面,对青年的政治思想教育抓得不够,教育发展不够。"[①]讲的也是这个问

[①] 《邓小平文选》第3卷,人民出版社1993年版,第287页。

题。鲁洁教授指出:"在社会泛起唯经济主义、唯科学主义等浪潮中,当社会道德从根本上被挖空时,学校教育已经完全丧失了它应有的批判和反思功能,反而在相与同流、推波助澜中,与社会其他方面共同酿成了当前的道德危机。"①

其次,我们没有为这场重大社会变革做好充分的理论准备,包括没有建立起适合市场经济发展需要的社会道德价值体系。一方面,我们对社会经济市场化改革的理论准备是不足的。一开始,我们说"走一步,看一步"②、"摸着石头过河",应该说是没有系统成熟的理论指导;后来发展到今天,我们无法否认的问题是,改革在取得突出成就的同时,某些方面背离了我们的初衷,如共同富裕的目标没有实现好、贫富分化、社会不和谐等等。三大改革(住房改革、教育改革、医疗改革)也不能让人民群众满意,都反映渐进式改革的特点,也说明我们对这场伟大改革缺乏足够充分的理论准备。另一方面,我们也没有能够在思想文化和道德建设方面做好充分准备。这与对社会经济改革的理论准备不足是有关联的,社会改革是系统工程,思想文化及道德建设是上层建筑,是为经济基础服务的。在一个相互关联的系统中,如果有其中的部分要素不明确,其他要素也难以确定。况且,我们开始甚至到现在都还没有对思想文化及道德建设给予足够的重视。当然,一直以来我们就"如何建设与市场经济相适应的道德价值体系"的问题也进行了大量的研究,也有好多的文章和著作,但如果以"在理论上达成共识"和"在实践上收到实效"作为标准,至今为止还没有人能够说这个问题已经解决了。

2. 社会信息化的负面影响

科学技术的发展,使社会信息化成为可能。社会信息化以及网络的普及,使学生的视野日益开阔,接受的信息也更复杂。对大学生开阔视野增长知识,具有非常积极的作用。但由于目前我国对书刊、音像、影视、网络等文化市场的管理还不够完善,大量消极和不健康的东西乘隙而入。而学生受

---

① 鲁洁:《教育的返本归真——德育之根基所在》,《华东师范大学学报》(教育科学版) 2001年第12期,第2页。
② 《邓小平文选》第3卷,人民出版社1993年版,第113页。

年龄和知识水平的限制,理论素质普遍不高,加上自身存在的思想上的不稳定性和矛盾性,难以明辨是非,把握事物的本质,直接影响了学生的思想道德水平的提高。

(二)教育本身的原因

1. 应试教育体制扼杀了德育

我国以升学率为主要评价标准的应试教育机制,使人们不得不围绕高考的指挥棒转,道德教育和培养在中小学教育中不被重视或是简单应付甚至变得可有可无。中小学生的道德问题被掩盖于在激烈的考试竞争和强大的升学压力之下,进入大学后逐步被释放出来,形成问题。大学生道德建设幼儿化实质就是中小学德育教育出现断层,我们是不是可以这样理解:因为中小学都有激烈的淘汰式的考试,而幼儿园和大学却没有这样情况,所以幼儿园和大学都在进行基本道德行为规范教育。如果这样理解正确并符合事实,则说明应试教育之害确实是太大了。此外,当前我国的大学教育仍以应试教育为主导,体现在大学的教学质量评估中。即主要是依据本科生生源、研究生报考人数和录取率、学生外语考试成绩、四六级过级率以及一些学术性学科性竞赛成绩等。在这种评价指标中,智育昂昂然获得无上地位,德育却由此在大学的全盘工作中严重虚化和失位。

2. 德育的理念、方法不适应时代发展需要

虽然说中小学教育对德育没有给予足够的重视,但中小学德育还是客观存在的。不过在我们国家传统的道德教育模式中,德育的理念、方法已经相对落后,并不能适应时代发展的需要。这种传统的道德教育模式,不注重学生的道德需要,是一种目中无人的道德教育,而把道德教育的过程仅仅看做是对学生施加外部道德影响的过程,其所施加的道德影响又主要是既定的道德规范,强调学生要遵守这些既定的规范,这样的道德教育过程也就是柯尔伯格等人所批判过的:用刻板的灌输、管理、训练等方法,强制学生去服从各种道德规范的"美德袋"式的"传统道德教育"。长期以来,不重视学生的道德需要,"脱离实际的所谓德育,培养出了多少'语言的巨人、行动的矮子'!道德似乎仅仅成为了一门知识,靠死记硬背和高谈阔论便可以得到

高分数,甚至可以成为升迁的敲门砖"。① 这便是学生知行脱节、言行不一的最根本的原因。

3. 我们的德育缺乏始终如一的系统的道德养成训练,使教育对象缺乏实践体验

从大系统来讲,伴随着主体成长的整个过程的德育并没有系统的科学的规划和训练,一方面表现在小学、中学、大学道德训练的内容缺乏系统有机的衔接,小学、中学、大学生各行其是;另一方面德育内容设计并不科学,如人们通常所讲的:小学进行共产主义教育,初中进行社会主义教育,高中进行中国特色社会主义教育,大学再进行基本道德教育!这个问题学术界已经很早提出,目前并没有改观。从小的系统来讲,学生成长的各个阶段也没有一个系统的始终如一的培养和训练。德育最终的目的就是要培养人们良好的道德行为习惯,要培养习惯必须持之以恒长期不懈。但不论是小学、中学还是大学,除了上课、辅导、考试永远不变以外,没有其他持续的行为训练,如中学的升旗礼不再是天天有,而是一周一次了,好多大学更是不知不觉地取消了升旗礼!出操制度也是一样,中学少了,大学没了!实际上我们放弃了一些行之有效的道德养成训练!

2001年8月23日,中共中央办公厅和国务院办公厅发出了《改进中小学德育工作的意见》中指出:"面对国内外形势的新变化、教育改革与发展的新任务和青少年思想教育工作的新情况,中小学德育工作还很不适应。突出表现在:重智育轻德育、一手硬一手软的现象依然在一些地方和学校严重存在;德育工作不适应青少年学生身心发展的特点,不适应社会生活的新变化,不适应全面推进素质教育的要求,方法与手段滞后,针对性和实效性不强;重课堂教学轻社会实践,重校内教育轻校外教育的倾向比较严重;全社会关心和支持教育的风气尚未完全形成,一些地区的社会环境不利于青少年学生健康成长;一些教师的思想道德素质与教书育人、为人师表的要求存在较大差距,教师职业道德建设亟待加强;德育工作的保障措施不够有力;体制、机制、队伍建设和经费投入等政策措施不到位。"这段话对我国中

---

① 孙云晓:《品德培养从哪里开始?》,《人民日报》2004年3月25日第13版。

小学德育教育的问题的反思是客观准确、深刻透彻的,也是与我们的分析是一致的。

虽然学校教育是以学习书本知识和别人经验为主,不可能进行完全意义的实践活动,但是学校也还是有条件进行道德实践教育的。学校教育本来的意义就是让青少年体验师长的关爱与同学合作的意义和成长的快乐,这些都是德育的重要内容,每天都可以组织安排有大量的实践活动。尽管每个学校都会讲德育为首,但是在日常的操作中可以说几乎没有一个学校是真正从这样的角度考虑并付诸行动的。不论是教师、家长还是学生,关注的唯一的问题就是成绩好不好、排名是多少? 也由于这个原因,在中小学可以说没有多少真正意义的道德实践教育,各种所谓的活动在教师、家长以及学生的心中是不重要的而且只需要应付即可,或者说是为了活动而活动,缺少真心实意的体验。所以,甚至到大学,通常看到大学生得到别人给予的帮助,连说声谢谢都不会,就不足为奇了。

(三) 社会环境的影响

青少年一代不可能生活在真空中,不良的社会风气对他们的成长同样造成不良影响。当前社会环境对青少年的影响有几方面。

1. 价值混乱使他们难作判断

改革开放之前,由于社会政治经济结构比较简单,一直维系社会正常运转的是单一的马克思主义价值观,这在实践中并没有什么问题。然而,随着社会的逐步开放,我们却在社会价值多元化面前无所适从。社会价值多元化应该说也是当今世界的一个发展趋势,其实也没有什么问题。可是每一个社会都必须有一个共同的核心价值观才能得以正常维系,这是任何多元化社会都无法否定的。事实上,一元化是宏观范畴,多元化则是微观视野,两者辩证统一。只讲一元化,社会就缺乏活力;只讲多元化,社会则混乱。改革开放后,我们讲多元化却淡化甚至丢了一元化,对原有社会核心价值观产生动摇甚至无情抛弃。现在社会除了"星星还是那个星星月亮还是那个月亮"外,其余几乎都在变,有些变得非常荒唐:现在的"小姐"不再是以前的"小姐",现在的"同志"不再是以前的"同志",现在的"公仆"不再是以前的"公仆";甚至政府部门公然发布类似"中小学教师严禁奸污猥亵女生"、"报考女公务员,乳房要对称"、"严禁用公款打麻将"、"不准为男领导配女秘书"、"海关官员不得庇护走私"、"腰围超过2尺7的在编民警将全部下岗"令人啼笑皆非的禁令……让人越来越糊涂了,一切都乱套了!在这种情况下,我们要求正在成长中的青少年都能够作出一个准确的判断,显然不太可能。

2. 不良社会氛围如贪污腐败、弄虚作假等大行其道,使青少年不相信讲道德会有好的回报,从而不自觉履行道德义务

虽然我们讲道德并不以功利为出发点,以功利为出发点的道德也不是真正的道德。但我们讲的道德却基本上都是就其社会的意义而言的,道德的客观社会意义就是要人人讲道德以致人人得利益。如果只有部分人讲道德,则讲道德者吃亏,而不讲道德者得利。而当今的社会现实就是有好多讲道德而吃亏者和好多不讲道德而获得利益者。有不少天天唱高调的政府官员,背地里却是贪污腐败,大肆侵吞国有资产却逍遥自在;有不少专门制假贩假、坑蒙拐骗发财的不良商人却得不到应有的惩罚;股市是圈钱,足球有黑哨;"房改是要把你腰包掏空、教改是要把你二老逼疯、医改是要提前给你送终";打工者得不到工资,弱势群体的利益一再被侵犯……这些情况天天在现实生活中或是在媒体中频繁出现!很多人不再相信有人真正为人民服务;很多人不再相信诚实劳动合法经营会发家致富;甚至有少数人不相信党和政府……在这种社会环境的影响下,同样也使很多青少年学生不相信讲道德会有好的回报,从而也不愿意自觉履行道德义务。

(四)大学生自身的主观原因

除了前面分析的外部客观原因,大学生道德问题也还有其自身的一些原因,主要有以下几点:

1. 大学生整体素质相对下降。以前我国高等教育是公认的"精英教育",所招收的都是中学里顶尖的学生,素质本来很好,教育也容易些。大学扩招后招生逐年增加,无疑使整个群体素质相对下降。

2. 大学生对道德认识的偏差。由于知识水平、社会阅历等方面的限

制,加之缺乏社会实践的锻炼,以及教育原因,使大学生对道德认识有偏差,最典型的是多数学生以为德育课程考试高分就是道德水平高,直接影响大学生的道德实践。

3. 缺乏道德原则和信念。众所周知,道德的原则和信念是靠某种理想和追求支撑的。中学生为了考大学的理想,以积极进取的态度、顽强拼搏的精神努力学习。而"考上大学"的理想实现后,有不少同学不知道下一步应该怎么走,失去了前进的动力,一并失去了个人道德原则和信念的支撑体,进而放松了对自己的要求。

四、阅读参考:大学生除了自己,你还关心谁?

大学老师的愤怒:大学生除了自己,你还关心谁?

我在香港长大、受教育,从事多年导游工作后,现在广州一所高校任教。

今年暑假,配合学校开展学生社会实践工作,我利用自己的社会网络,协助学院联系了多家广州市内的酒店和旅行社,为学生提供勤工俭学岗位。考虑到这些大一的学生社会经验少、阅历浅,我义务地担任实习学生的监护老师,把自己在市区的家借给10多名旅游专业的学生住宿,避免他们在实习期间,来往奔走于大学城和市区之间。

学生在我家住了一个月,他们的一些表现却令我如哽在喉,不吐不快……

缺乏礼貌:主人睡地板自己睡床。

我家虽然有130平方米,然而始终不是一个招待所,缺乏足够的床位给所有的学生睡。结果,女生全部睡客房,10个男生睡客厅的地板上,另外5个男生睡在我的房间。让人哭笑不得的是,居然有学生对我说:"老师,我们忘了带席子,今晚能否睡你的床?"结果那晚3个男生跑上我的床,而我这个主人家就只好睡地上了。之后有学生看不过眼而私下跟那几个学生讲了,我得以回到自己的床上睡。然而,只要我离开广州回香港,回来还是能发现床又被人睡过了!

不少男生工作回来就把外衣和袜子脱掉,澡也不洗就大大咧咧地坐在沙发上,有的更当着我的面张开双腿,或者跷起二郎腿,甚至曲起一只脚,大爷般地聊天。

我只为他们配了一套备用钥匙,而他们并不懂得合理地安排钥匙的掌管方式,结果经常出现要打电话或者在楼下大声呼唤同学开门的情况,绝大部分同学都很没礼貌地大喊:开门!甚至连一句"麻烦某某某,请下来帮忙开个门"也不会说。

自理能力:卫生纸用完无人理。

广州的夏天非常炎热,我热心熬绿豆粥给学生们喝。然而,两三次的经验告诉我,部分同学洗刷过的盛粥碗内和熬粥锅盖上还依然残留着绿豆"沙"。

部分同学居然不是每天清洗穿过的内衣裤和袜子,相反,他们到处乱挂和乱扔这些脏东西,然后隔天再用。

由于入住人数较多,我放在厕所的卫生纸很快就用完。然而,当我外出而没有及时补充新的卫生纸时,没有一个人会到杂物柜找找,或者到超市去买卫生纸。最讽刺的是,他们居然"奢侈"到用一包包的面巾纸来解决问题。

漠视环境:用完东西"身首异处"。

自从学生们搬入后,我家的地板上多出了废纸片、花生仁和壳、拆封的包装纸碎和食物果汁的污渍;茶几的玻璃面不再光亮;厕所多出了异味;浴室排水口多出了毛发;家里多出了几个垃圾收集处;家里开始出现越来越多的蟑螂。入住期间没有一个学生主动打扫过卫生。

部分同学好像一点"物归原位"的观念都没有——发胶、剃须膏等用品的瓶身和瓶盖经常"身首两地";使用过的饮食器皿到处摆;热水器、楼梯灯、厨房灯、厕所灯和浴室灯等等常常用后不关。

一天电器保险跳闸了,检查发现是浴室内一颗装饰灯烧掉引起电线短路。既然找到问题的根源,我以为他们会主动去电器店买一颗新的灯泡更换。结果不然,他们只在那个控制该装饰灯的开关上贴了一张小纸条——"不要扳此开关"。

　　社会上大力倡导节约型社会,而这些身为天之骄子的大学生却少有珍惜利用资源的意识。打开空调时,门窗依然大开;看电视时,居然把客厅和饭厅的所有灯都打开(客、饭厅加起来一共有18个灯泡)。

　　待人接物:习惯老师为自己服务。

　　学院邀请了一家酒店的人事部经理到大学城来给学生进行企业介绍和现场面试。由于第二次的见面会刚好与学院的院务会议相重叠,我无法抽身参加。结果酒店代表在讲台上整整忙碌了一个下午,现场的50多名学生居然没有一个主动要求来宾休息一会,更没有人懂得跑去买一瓶水给讲者喝。

　　送12名酒店专业的同学去实习,每次进出电梯我都用手为大家按住电梯门以防忽然关闭,没有一个学生懂得过来替代我的"工作"。

　　团队意识:我行我素不管他人。

　　我只配了一套钥匙给学生,原本的目的就是希望他们学会互相照应,自行组织安排,每天选派最先回家的掌管钥匙。结果事与愿违,我发现经常有同学因为掌管钥匙的还没回来而在我家楼下等上一两个小时。

　　一家实习单位的管理人员把通告发给部分学生,并让其协助转告信息,然而他们并没有履行责任,忘记转达或者扭曲传送涉及其他同学切身利益的信息,给企业和其他同学造成不便和带来不良影响。

　　工作态度:对待工作挑肥拣瘦。

　　有个别同学在被录用之后就开始"挑肥拣瘦"。更有甚者,借用父母的名义来恳求我协助改变工作岗位,可是到岗后发现与自己的期望有差距,居然连招呼也不打一个,就悄悄地离开了企业。

　　不少去实习的学生当初为了得到工作机会,信誓旦旦地向招聘人员说,一定坚持把工作做到8月底回学校报到前一两天为止。可是,当企业放心交付工作给他们、当工作了接近一个月、当赚到一点零花钱之后,他们就以各种借口(其中不乏"自己才刚上大一,年纪小,家里老人和父母都惦记着要他们回家"等等)而请假回家。

第二章 学子德行:关乎国运

　　有个别同学第一天去上班就迟到,"现身"后居然一点歉意也没有,还用一些极其幼稚的理由来企图蒙骗企业负责人。

　　有个别同学到企业报到时忘记带相片和身份证明,可是却不敢为自己的失误承担责任,还推诿说是别的同学没有通知。

　　上述种种,就是我这个暑假中发现的部分学生的问题。虽然这个跟踪调查并不系统和全面;所调查的对象不具备代表性;而论述的例子也比较具体和琐碎。然而,古人讲"以微见著",我相信所反映的事例,的确折射着目前国内学生综合素质有待改善的部分问题。

　　作者手记:每一个人当为此汗颜!
　　记得在香港,小学老师就教导我们:人必须既对自己也对别人负责,犯错时不允许推诿,要敢于承担责任;
　　人要讲诚信、重承诺,不能说话不算话;要尊师崇道和关爱身边的人与事物;对人要有礼貌,"见人就问好"必不可少;己所不欲,勿施于人……
　　与此同时,老师还教育我们要注意自己的仪容、仪态和个人卫生,在公众场合除了要保持衣服光洁之外,吃饭时不应该让别人见到牙齿,更不应该发出咀嚼食物的声音……
　　一点一滴的"小事"日积月累,现在都深深地烙印在脑海里,所以,我敢说自己几乎不会犯像上述案例中的任何错误。
　　以前当导游带团到韩国,当地导游告诉我们:韩国是一个极其讲究礼仪的国家,在公众场合,韩国的晚辈必须给长辈让座;子辈没有得到父辈的首肯,绝对不可以与长辈同台喝酒,就算长辈让喝,晚辈也得别过脸去、不能正面对着长辈喝酒。
　　看过一个有关日本的节目,其中感触最深的几个片段是:从外面回家,无论家里有人没人,开门第一件事就是礼貌地说一句:我回来了;吃饭前,晚辈先向长辈敬好,然后一起举筷吃饭;不但把垃圾分门别类来放置,同时连一周中的哪天应该丢弃哪类废物都安排得井井有条。
　　我想申明:我不是故意挖自己民族的疮疤,只是作为教育工作者,应该有良心、更应有义务和责任,对一些不良的社会现象加以指正。

当我为那些不懂得珍惜机会、实习一半就提前辞职的学生向企业管理层道歉时,对方语重心长地说:"这个社会需要的人才不仅应该具备足够的能力,更重要的是要有健康的工作心态和正确的利益取向。"说真的,我为此汗颜!

是啊！谁都知道:学生是未来的主人翁,尤其是那些重点大学的学生更被喻为未来社会的中流砥柱,他们的言行都将预示我国的未来形象。当中国和平崛起之际,我们更加应该注意加强和提高学生的素质教育。

诚然,只要家长认同"养不教,父之过",老师认同"教不严,师之惰",学生认同"人不学,不知理",亡羊补牢,不为晚焉。

［信息来源:羊城晚报2005年08月25日］

［信息作者:卓声］

第三章 养成之道:继承创新

在人类社会悠久的发展历程中,各种德育的理论和方法浩如烟海,它们在不同的国家及不同的历史文化背景中发挥作用的形式也都各有差异。道德养成的理论与方法是其中认可度较高,也是最有实效的。马克思主义实践论、思想品德结构与形成理论以及中外各种德育科学理论都为道德养成提供了理论依据,与此相应,并结合我国高校学生道德明显的知行脱节问题,在德育方法上也主要以实践方法为主,并借鉴管理科学方法和行为科学等方法。同时,本章我们还对大学生道德养成的基本内容进行了梳理。

一、大学生道德养成的指导理论

高校学生道德养成理论,以马克思主义实践论为指导,以思想品德形成理论为应用,并借鉴古今中外比较成熟的德育科学理论。

(一)马克思主义实践论的指导

实践是思想品德形成的基础,道德养成教育的哲学理论基础是马克思主义的实践论。马克思在《德意志意识形态》中说:"思想的产生最初是直接与人们的物质活动、与人们的物质交往、与现实生活的语言交织在一起的,观念、思想、人们的精神交往,在这里还是人们物质关系的直接产物。""不是意识决定生活,而是生活决定意识。"[①]作为一种教育方法,道德养成

---

① 《马克思恩格斯全集》第3卷,人民出版社1997年版,第29、30页。

就是属于实践方法。马克思主义哲学认为:实践是检验真理的唯一标准。实践教育是帮助人们获得真理、提高认识、修正错误和偏差的重要环节。毛泽东同志在《实践论》中非常系统地阐述了知与行的关系,他指出:"实践、认识、再实践、再认识,这种形式,循环往复以至无穷,而实践和认识之每一循环的内容,都比较地进到了高一级的程度。这就是辩证唯物论的全部认识论,这就是辩证唯物论的知行统一观。"一个人良好道德品质的养成,除了自己认真学习掌握正确的认知外,更重要的是通过参加社会实践,把理论与实践有机结合起来,实现"知"与"行"的统一,并从实践生活中寻找素材,从所熟悉的人与事中提高和修正自己的认知,如此反复培养训练,不断地实现自己认识上的飞跃,进而促进自身思想的发展和能力的提高,以及形成良好的道德行为习惯。实践出真知,只有通过实践,才能形成真正的道德认知,才能使道德要求真正内化为自己的价值观念。有真正的道德观念内化,才能有正确的道德实践活动,并使个人道德品格不断得到升华。

马克思恩格斯指出:"意识在任何时候都只能是被意识到了的存在,而人们的存在就是他们的实际生活过程。"[①]人作为道德的存在,其最鲜明、最生动的意义就在于他有属于自己的现实的道德生活,其道德的存在也无非是他的实际的道德生活的过程。从根本意义上讲,把道德视为调节社会关系、完善主体自身的手段,就决定了道德生活是"有关人们利益关系的实践理性生活,是追求人格完善、社会谐和与公正的创造性生活",显现了"自身从能动、实践的角度把握社会道德现象的特征"。[②] 实践道德生活是主体之为道德主体的确证,是道德之个体意义的最充分的实现。从这种意义上讲,教育作为一种教人为善的手段,只有把促进年轻一代在现实中实践自己的道德生活作为目的,才能尽自己的道德责任于万一。

道德的终极意义是实践,道德实践本身便是大学生生活的一个重要内容,因而道德养成(实践)教育应该成为大学生道德建设的一个重要方法。大学是文化教育的重要阵地,大学生活首先应该是一种有品味的、有文化的

---

① 《马克思恩格斯全集》第 3 卷,人民出版社 1997 年版,第 551、29 页。
② 高兆明:《道德生活论》,河海大学出版社 1993 年版。

生活,然后通过大学生活专门培养和训练有品味、有文化的个体,说得具体些,就是要培养"有理想、有道德、有文化、有纪律"的社会主义建设者和接班人。

(二)思想品德结构与形成理论应用

"思想品德结构是一个以世界观为核心,由心理、思想和行为三个子系统的多种要素构成的具有稳定倾向性的整体。"[①]而在思想品德结构中,行为处于相对独立又至关重要的位置。首先,行为是思想品德的客观内容;其次,行为是思想品德的根本标志;最后,培养良好的行为习惯是思想道德教育的直接任务。显然,良好的道德行为习惯在道德建设中非常重要,而行为本身是一个实践活动,不可能通过理论教育产生,良好的道德行为习惯只能持之以恒地养成。

此外,根据思想品德形成与发展的规律:"人的思想品德是在社会实践的基础上,在主客体因素相互作用、相互协调和主体内在的思想矛盾运动转化的过程中产生、发展的变化的。"[②]首先,在人的思想品德形成与发展过程中,主客体因素相互作用、相互协调是在实践基础上实现的。客体因素的影响只有通过社会实践与主体相联系,才能达到主客体的协调平衡,使主体获得思想品德认识。思想品德认识经过转化,然后再回到社会实践中,变为实际的思想品德行为,并坚持下去,成为习惯。接着再在社会实践中通过社会评价和自我评价的反馈,开始新一轮的主客体因素之间的相互平衡、协调运动,获得一个更高水平的思想品德认识,转化为更高水平的思想品德行为,由此循环往复,螺旋式上升。其次,主体内在的思想矛盾运动转化的过程,也都离不开社会环境和日常的生活交往的实践活动。可见,实践贯穿于思想品德形成与发展的整个过程之中。由此看来,我们必须重视在生活实践中培养学生良好的道德行为习惯。

---

① 张耀灿、陈万柏:《思想政治教育学原理》,高等教育出版社2001年版,第82页。
② 张耀灿、陈万柏:《思想政治教育学原理》,高等教育出版社2001年版,第87页。

(三)德育科学理论借鉴

"道德根本上是实践的",在人类思想史上是一个绵亘古今的主题。在中国,道德从来就是"做人"的学问。传统伦理精神强烈的入世态度决定了实践在道德中举足轻重的地位。通过行动履行人伦关系的要求乃是道德的最高境界。人格的磨炼落实于人生或现实生活。所以,中国古代仁之圣贤都是因其在人生道路上体现了至高无上的仁德,或在行动上创造了丰功伟绩。于道德教育,知性化教育固然重要,躬行实践更不可没。我国古人要求儿童养成"黎明即起洒扫庭除内外整洁"的习惯,青少年时期养成"诚意、正心、修身、齐家"的品行,长大以后才能作出"治国、平天下"的大绩。这种把远大的道德教育目标与儿童日常生活实践联系起来的方法对于今天很有参考价值。清代教育家颜之终身以"实学"、"习行"为教,认为人"修德立业"的过程应是一个"身习学知、身实习之、终身不懈"的过程,因此,无论道德教育还是道德修养都必须着眼于"实学"、"实行",不能脱离实事实物。

我国著名教育家陶行知先生是养成教育的倡导者。1927年6月3日他在晓庄学校的演讲中,针对王阳明"知是行之始,行是知之成"观点,提出"行是知之始,知是行之成"的主张,并且说明这"并不是否认闻知与说知,乃是承认亲知为一切知识的根本,闻知与说知必须要根于亲知里面方能发生效力"。他在《习惯成自然》一文中非常通俗地阐述了养成教育的基本原理:习惯成自然是能力,什么是"成自然"呢?他举例说:"走路和说话是我们最需要的两种基本能力。这两种能力和形成是因为我们从小就习惯了,'成自然'了;无论哪一种能力,要达到习惯成自然的地步,才算我们有了那种能力。如果不达到习惯成自然的程度,只是勉强地做一做,就说明我们还不具有那种能力。""从小学教师到大学教授,他们的任务就是帮助学生养成良好的习惯,帮助学生养成政治方面、文化科学方面的良好习惯。""德育就是养成良好的行为习惯,智育就是要养成良好的学习习惯,体育就是要养成良好的锻炼自体的习惯。""要有观察力,必须真地用心去观察;要有劳动能力,必须真地动手去劳动;要有读书的能力,必须真地把书打开,认认真真去读;要有做好公民的能力,必须真地把公民应做的一切认认真真去做。"

陶行知先生在教育实践中提出的"生活教育理论",对我们进行的大学生道德养成教育理论研究及实践探索依然具有非常重要启示及借鉴意义。

在西方,道德哲学或伦理学,就是"实践哲学"(PracticalPhilosophy)。道德哲学之所以称为实践哲学,照梯利的解释,"因为它研究实践或行为"。① 在西方古代和近代伦理思想史上占绝对统治地位的"规范伦理学"就是一种"实践的伦理学",它以研究道德与人的现实生活,与人生、个人需要、利益、幸福的关系为基本特征,以确定道德准则、道德原则并要人们依此行事为基本宗旨。在伦理学的开山始祖亚里士多德那里,伦理学这门学科就是根据实践来定性的。他认为,伦理学"这门科学的目的,不是知识而是实践"。而"在实践的事务中,目的并不在于对每一课题的理论和知识,更重要的是对它们的实践。对德性只知道是不够的,还要力求应用或者以某种办法使我们变得善良"②。卢梭认为知善不等于行善,他反对把道德教育理解为向儿童灌输道德成规戒律,反对让儿童记忆空洞抽象的道德概念,以免把儿童训练成伪善的口头谈道德而行为则不道德的人,建议从小以养成良好行为习惯为主,可模仿别人善良的行为。康德、黑格尔也认为道德具有实践性,不能付诸实践的观念,是不能称为道德的观念。杜威在《学校与社会》中批判传统道德教育时提出:"在道德方面,学校教育中最令人遗憾的缺点是:试图在极端缺乏社会精神的环境中,培养学生成为未来社会制度的成员。"

在道德养成的理论研究与实践探索中,西方学者也都提出了不少很有价值的思想。比较有影响的有三位:一是捷克著名教育理论家、"现代教育之父"夸美纽斯(1592—1670),较早地提出了道德养成教育的理论。他在《大教学论》中提出许多有名的观点:(1)人的德性必须靠实践去养成。他说:"既然人生必须有交往活动,所以孩子们必须学会并敢于正视别人,学会应付真实的劳苦,毫不畏缩。德行的实行靠行为,不靠文字。"(2)良好的

---

① [美]弗兰克·梯利著,何意译:《伦理学概论》,中国人民大学出版社1987年版,第4页。
② 亚里士多德著,苗力田译:《尼各马科伦理学》,中国社会科学出版社1990年版,第3页。

道德品质必须提早训练。他说:"德行应该在邪恶尚未占住心灵之前,早早就教。儿童应当及早好好训练,确乎是一件最重要的事情,因为一只瓶子新的时候可沾染的气味是可以保持很久的。"(3)他认为:"德行是由经常做正当的事情学来的。我们是从学习知道应当学习什么,从行动知道我们应该怎样去行动的,孩子们容易从行走学会行走,从谈话学会谈话,从写字学会写字,同样,他们可以从服从学会服从,从节制学会节制,从说真话学会真实,从有恒学会有恒。"(4)夸美纽斯强调学生遵守严格的纪律也是养成良好德行的保证。"严格的纪律是必须用来制止邪恶的倾向的……纪律应该时时精心,目的不在强迫用功,而是保证澄清的德行。"他指出:"波希米亚有一句谚语说,'学校没有纪律犹如磨盘没有水',这是很对的。因为如果你从磨坊取去了水,磨盘就会停止,同样,如果你从学校取消了纪律,你就剥夺了它的发动机。"(5)夸美纽斯强调一个有良好道德品质的人必须学习文明的礼仪。"我们也不可忽略用良好的礼仪教他们,使他们做事一点不显得愚笨和粗俗。为了达到这个目标,他们应当学习文雅社会的礼节,如怎样握手,要什么东西的时候怎样谦虚地去请求,致谢别人的恩惠时怎么屈膝和优雅吻手之类。"①夸美纽斯这些理论对大学生道德养成教育具有直接的借鉴意义。二是英国著名的政治家、思想家和教育家约翰·洛克(1632—1704),他旗帜鲜明地批判经院哲学的"天赋观念论",提出了著名的"白板论",主张认识起源于经验,良好的品行靠后天养成。他指出,人的心灵好比一张白纸,不管他以后如何,他的品性行为都是在环境的影响下,从后天的实践的经验得来的。三是美国著名的实用主义哲学家和教育家杜威(1859—1952),他提出了"教育即生活、学校即社会,从做中学"等思想观点,前文提到的我国著名教育家陶行知先生,作为杜威的学生则将杜威的思想理论进行中国式的改造,提出"生活即教育、社会即学校,教学做合一"的教育思想。总之,近现代西方教育理论家关于道德养成教育的思想理论及实践探索,都值得我们吸收与借鉴。

---

① [捷]夸美纽斯:《大教学论》,傅任敢译,教育科学出版社1999年版,第166—169、198、210页。

20世纪70年代,欧美各国兴起了美国教育家弗雷德·纽曼提出的道德教育的社会行动模式,也属于一种道德养成理论和方法。该模式着重阐述了培养学生道德行动的重要意义和具体方法。纽曼认为,当代出现的各种道德教育理论都只注意了增加道德知识,发展道德认知能力,分析寻找价值原则以及改变学校道德教育环境等方面,而忽视了实施行动的训练和技能,这是目前各种理论存在的共同问题。因此,道德教育不应只强调道德教育本身,而应注重培养和提高学生在进行社会行动时所必需的胜任环境的能力。他认为,一个有道德的社会成员,应具备三种环境胜任能力:(1)物质的——对物体的影响力。(2)人际的——对人的影响能力。(3)公民的——对公共事物影响的能力。而第三类能力是社会行动模式的中心,道德教育应该注重公民的社会行动能力的培养和训练。而学生要获得有意义的道德谈论所必需的环境胜任能力,只有通过公民行动课程的学习。因此,纽曼极力主张把有关公民行动的活动和道德推理、价值分析等内容结合起来。社会行动模式是一个很有创见的道德教育模式,它从以往的理论出发,提出道德教育必须注重公民社会行动方面的教育,注重个体社会道德行为的培养,弥补了各种理论的不足。同时,它在实践上发展了一套较完整的教育实施方法和程序,使学生有可能获得真正的公民行动教育,实际地参加到真实的活动中,而不是纸上谈兵。虽然这种模式也存在与这一模式有关的管理比较困难问题,但可以肯定,社会行动教育模式对我们高校进行道德养成的研究和实践也无疑是有借鉴意义的。

二、大学生道德养成的方法理论

道德养成的方法理论非常丰富,在不同的场合面对不同的对象,适用的方法也不尽相同。从我们以实践理论作为道德养成的立论基础出发,并针对高校学生知行脱节的最基本的道德现状,作为道德教育主体的学校来说,在养成方法上同样是以实践方法为主,同时借鉴并应用各种行之有效的方法。

(一)道德实践方法

1. 道德的实践本质决定了道德教育具有强烈的实践性特征。从教育目的看,与智育不同,道德教育主要不是形成一种知识体系,而是要形成一种道德的信念以及与此相应的行为方式、生活方式,即使学生过一种好的、健康的道德生活,虽然知识的获得、道德认知能力的发展对于这种生活的理解和质量有重要影响,但其本身还不是道德生活,其对道德生活的价值最终要落实到道德生活的改进上。正如亚里士多德所强调的一样:道德的目的是"生活得好"、"行得好"。过一种好的道德生活意味着现实地履行自己的道德信念,从教育的过程和手段看,智育过程也强调活动,但更多的是要突出学生的理智活动。单纯的外部活动断然不能作为智育之系统的和主导的方法,道德教育过程则不同,它不仅要求学生积极的理智参与,而且更强调通过学生自己的活动来获得和实现道德价值。"也就是说,道德教育不仅要培养认知的方法,还要有陶冶情感和训练行为的方法,而且后者的地位更为重要。"①

2. 道德实践方法是我国道德教育的一个重要的传统。孔子特别强调"行"在道德品质形成中的作用,主张慎言力行,反对"佞"、"巧言"。孔子要求君子"敏于事而慎于言"(《论语·学而》)、"君子耻其言而过其行"(《论语·宪问》)。他明确主张要"始吾于人也,听其言而信其行;今吾于人也,听其言而观其行"(《论语·公冶长》),要求"言必信,行必果"(《论语·子路》)。孟子继承和发扬孔子的"力行"思想,强调要获得卓越的才能、形成完善的人格、达到崇高的道德境界,就必须自觉地接受各种严酷环境的磨炼和艰辛挫折的考验。"故天将降大任于斯人也,必先苦其心志,劳其筋骨,饿其体肤,空乏其身行,行拂乱其所为,所以动心忍性,曾益其所不能"(《孟子·告子下》)。荀子则提出"行之则明"的实践的自我教育方法。他说"不闻不若闻之,闻之不若见之,见之不若知之,知之不若行之,学至于行

---

① 刘丙元:《试论学校道德教育实践中积习之弊》,《教育科学研究》2005 年第 10 期,第 55 页。

而止矣"(《荀子·儒效》)。明代思想家王阳明以其"知行合一"思想,突出"躬行"的态度,反对在道德修养上"茫茫荡荡悬空去思索,全不肯着实去躬行"的态度,也体现出传统道德修养论中勉励践履躬行的良苦用心。道德实践方法,既是我国道德教育的一个传统,也是最有效的教育方法,是成就我国历史上超稳定的社会政治结构、超强大的国家影响力的一个非常重要的条件。

道德实践方法在高校学生道德教育中地位十分重要,表现也多种多样。就学生来说,可以就学校学习生活的所有内容进行自我修养的实践;从高校教师讲,则要以认真敬业的态度、良好的师德修养,在教学和管理的实践中发挥身教示范的作用;而大学的作为,就是要确定价值、完善机制、引导实践。

(二)管理科学方法的运用

通常我们把教师称为人类灵魂的工程师,这是一种广义上的说法,但实际上并不是很准确。从严格意义上讲,德育教师(工作者)才是真正的人类灵魂的工程师。从事人类灵魂建造是一项比任何物理学力学工程复杂千万倍的系统工程,因为这样的工程是抽象的、动态的看不见摸不着的,与物理学力学工程的直观性、静态性特点是截然不同的。不论是对人类的群体还是个体,都需要进行灵魂构建。对人类的群体而言,就是要构建社会共同价值观体系;对人类的个体而言,就是构建一个人的精神大厦,通俗地说就是培养心理人格健全、道德品格高尚的人。

作为社会实践的管理活动与人类社会与生俱来,有人类的社会化生产,便有了管理,历史已经超过六千年。世界奇迹的埃及金字塔、巴比伦古城、万里长城,以及现代社会的如美国的阿波罗计划、中国的航天工程等等伟大工程都需要非常严格科学的管理,才能最终完成。以埃及的金字塔为例子:这是世界七大奇迹之一,它是人类聪明才智的结晶,也是管理和组织能力的象征。胡夫金字塔高147米,1888年埃菲尔铁塔建成前,是世界最高建筑物。胡夫国王动用40万奴隶,10万人一班,每班服役3个月。轮流施工30多年。10万人安排、分工、协调、监督,需要管理。测量、起石、运石、磨石、修路、造船、堆土、先干什么,后什么,哪些工作可以同时去做,哪些工作必须赶在什么季节以前完成……需要策划、运筹、决策。吃、喝、用、住、行,这需要计划、预测、统筹。历史学家希罗多德的《历史》一书所记,光是给建筑者买葱、蒜、萝卜,就花了45吨重的银子。科学的、卓有成效的管理成就了这样伟大的工程。金字塔工程是伟大的,管理是复杂的,但却是有形的看得见摸得着的。

　　如今,任何再高明的专家都无法否认:德育是构建人类灵魂的一项伟大而复杂的系统工程,建设这样的工程与我们人类所进行的各项直观有形的伟大工程相比,难度还更大!所以,这样的工程毫无疑问需要引入管理科学的理论和方法。可以认为,管理科学的应用贯穿于德育工作所有的过程和环节。根据思想品德形成与发展的规律,按照社会主义精神文明建设的要求,从制定教育目标、确定教育内容、编制教育工作计划、评估论证及决策、组织实施等等各个环节都需要进行科学管理。近年来,随着学科建设的不断成熟和发展,国内也有研究者出版了《思想政治教育管理学》等相关的著作,总结了思想政治教育管理的相关经验,探索了思想政治教育管理的理论,并初步建构了一些比较有价值的模式。

　　就大学生德育建设而言,不论是对其个体还是群体,如何有效处理大学德育与中小学德育的衔接问题需要管理、制定大学德育计划需要管理、大学生德育价值构建及行为训练需要管理、德育环境建设需要管理……特别是如何按照思想品德形成发展的规律,并对大学生道德形成的知、情、信、意、行的各个具体的环节,更是需要科学的、精心细致地进行培养、引导、促进、控制等等管理活动。事实上,这一系列持之以恒的管理行为,都是一种实践活动,也就是大学生道德养成的方法及过程。虽然管理与养成并不是一个完全相同的概念,但两者有好多交叉点,不同之处是其交叉地方基于不同的语境及相对性而采用不同的表述方法。对大学的教育者来说,制定各种规章制度和管理措施,引导大学生培养道德观念、践行道德规范,就是管理;对大学生来讲,能够认可按照大学的教育理念,理解大学的管理措施,积极主动学习思考,树立良好的道德价值观念并履行各种规范的过程并逐步形成良好道德品格,就是养成。当然,大学教育者管理的过程和手段既有显性的也有隐性的;大学生道德养成的过程既有主动的也有被动的。两者殊途同归。

(三)行为科学方法的运用

行为科学以人的行为及其产生的原因作为研究对象。具体来说,它主要是从人的需要、欲望、动机、目的等心理因素的角度研究人的行为规律,特别是研究人与人之间的关系、个人与集体之间的关系,并借助于这种规律性的认识来预测和控制人的行为,以实现提高工作效率,达成组织的目标。行为学派虽然没有研究出一套完整的管理知识,却已经为人们提供了许多有用的素材,他们的行为论题主要有激励、领导、群体、组织设计、组织变化与发展等。

行为科学开始于20年代末、30年代初的霍桑试验,创始人是美国哈佛大学教授、管理学家梅奥(也译为梅厄)。霍桑试验的研究结果否定了古典管理理论的对于人的假设,试验表明工人不是被动的,孤立的个体,其行为不仅仅受工资的刺激,影响生产效率的最重要因素不是待遇和工作条件,而是工作中的人际关系。据此,梅奥提出了自己的观点:工人是"社会人"而不是"经济人";企业中存在着非正式组织;新的领导能力在于提高工人的满意度。梅奥的这一理论在当时被称为人际关系理论,也就是早期的行为科学。

二战后的行为科学主要包括以下几个部分:马斯洛(A. H. Maslow, 1908—1970)的需求层次理论,指出主管人员都必须随机制宜地对待人们的各种需求,著有《人类动机的理论》。赫次伯格(F. Herzberg)的双因素理论,强调主管人员必须抓住能促使职工满意的因素,著有《工作的激励因素》;麦格雷戈(D. M. McGregor, 1906—1964)的"X 理论—Y 理论",他在1957年11月号美国《管理评论》杂志上发表的《企业的人性面》一文中首先提出了有名的"X 理论—Y 理论",以后又在其他著作中进一步加以发挥。X 理论是对"经济人"假设的概括,而 Y 理论是根据"社会人"、"自我实现人"的假设;美国日裔学者威廉·大内(一译乌契,William Ouchi)提出 Z 理论(Theory Z),其研究的内容为人与企业、人与工作的关系,主张将集体意识即归属感作为调动人们积极性、主动性和创造性的基本手段,著有《Z理论》。

概括地说,行为科学的基本观点是:人的行为是有目标的,目标是由动机决定的;主张在企业管理中,正确处理人的需要、动机、目标、行为四者的关系,使企业员工的目标与企业的目标一致;主张在满足员工多方面需要的基础上,以诱导方法为主,调动员工的主动性和积极性,提高劳动生产率。

虽然行为科学产生于西方资本主义国家,并服务于资本主义生产的需要。但行为科学的研究者的视野从"经济人"向"社会人"扩展,本身已经进入了道德的范畴。道德虽然有阶级性的一面,但同时也具有普世性的一面。从这个意义上讲,行为科学的理论及方法对道德建设同样具有特别的借鉴意义。首先,我们研究道德,最终的目的也就是行为,即人人有德行;其次,人性本原的东西如需要、动机、欲望、目的等等有相似性;最后,包括道德行为在内的人的行为的产生,是有一定的规律的。现在我们提倡高校管理要以人为本,就是一种尊重事实、尊重规律的实事求是的理念。应用于德育,就是要我们研究大学生的心理特点及大学生思想品德形成发展的规律,了解大学生的道德需要,优化大学生的人际环境,正确处理大学生的需要、动机、目标、行为等方面要素的关系,科学有效地协调大学生道德认知、道德情感、道德信念、道德意志、道德行为的产生、形成、巩固和升华的整个过程,培养大学生良好的道德品格养成。相对我国高校长期以来的比较粗糙的、高高在上的、"空对空"的简单的理论灌输式的德育而言,德育如果能够做到深入、认真、细致,更加科学性和技术性,才能更有实效。

(四)灌输的原则与方法

灌输是马克思主义思想道德教育的一个基本的原理,是普遍存在的,也是很必要的。理论界对灌输有争议或者说有误解,主要是将原则问题与方法问题混淆,对灌输的内容也没有科学理性选择。构建一个人的思想价值系统,必须有一定的内容,而这个长期根植于人们内心世界的内容是需要灌输的。使用灌输的原理和方法时,要注意其作用的特定条件,要精心选择内容,不宜滥用。

1. 灌输的原则

马克思列宁主义认为：先进的、科学的社会主义思想意识不会在群众中自发产生、无产阶级先锋队——共产党必须不断向群众灌输科学社会主义理论，这样才能提高群众的社会主义思想意识和政治觉悟，才能指导群众参加无产阶级解放斗争和社会主义建设。列宁在《怎么办？》一书中详细论证了"灌输"原理。针对当时俄国社会民主党内存在的崇拜自发论的工联主义倾向，他认为："工人也不可能有社会民主主义的意识，这种意识只能从外面灌输进去。各国的历史证明：工人阶级单靠自己本身的力量，只能形成工联主义的意识，即必须结合成工会、必须同厂主斗争，必须向政府争取颁布工人所必要的某些法律等的信念。"[①]所谓"从外面"灌输，主要包括两个含义，一是指"从经济斗争范围外面"，向工人灌输他们原来不了解和没掌握的先进意识、政治意识；二是指"从工厂同厂主的关系范围外面灌输给工人"阶级意识，因而指导工人从政治角度去认识无产阶级与资产阶级对立的性质，明确无产阶级的历史使命。可见，列宁当时提出"从外面"灌输社会主义意识，强调了科学、系统的社会主义思想，不可能通过自发的方式产生，而只能通过学习、教育、宣传等自觉的方式才能掌握。

灌输是马克思主义思想道德教育的一个基本原则。近年来有人对灌输有些怀疑甚至持否定态度，主要原因是对灌输缺乏正确的理解。主要有两个方面：一是将理论说教等同于灌输。理论说教是一种灌输，但灌输不仅仅是理论说教；二是将"灌输教育"等同于"灌输式教育"。马克思主义"灌输教育"与"灌输式教育"是完全不同的两个概念，前者是从世界观、方法论的高度论述的正面教育，而后者则是一种低层次的教育方式；前者灌输的内容是不断发展着的科学社会主义理论，而后者则是教条式的东西；前者灌输的方式灵活多样而且是"润物细无声"式的，而后者则是简单的注入式；前者强调的是双向交流式的教育观念，而后者则是单向式教育观念。因此，我们不能因为一些人对马克思主义灌输理论与方法的误解而放弃这一基本的原则和方法。从思想道德教育的目的和任务来看，灌输是原则。我们必须使

---

① 《列宁选集》第1卷，人民出版社1975年版，第247页。

教育对象形成正确的道德价值观念,这种观念是教育对象还没有形成的,必须是从外部输入的,因此灌输是一个原则。同时,灌输是多种教育方法中的一种,是教育者将正确的思想观念通过各种形式传授并影响受教育者。

灌输的必要性。首先它是一个基本教育原则,同时不断发展的、复杂多样化的社会更加需要正面价值灌输。随着科技进步和社会发展,人们生活更加丰富多彩的同时,必须面对各种层出不穷的甚至泛滥成灾的新的信息、新的思想、新的观念,必须面对各种各样新的生活方式,必须面对各种各样非常激烈的价值观冲突……在这种复杂的情况下,人们很难作出非常明确的选择,甚至还会迷失方向。这样,政府及其教育机构,就有责任有义务给社会指明一个正确的方向、光明的前途,就必须理直气壮地宣传代表正义与希望的社会共同价值观。从某种意义上说,灌输正确的价值理念,是拯救社会于混乱和迷茫,给人们以希望之光芒。同时,正确的价值观念,不可能自发形成,必须经过长期的持之以恒灌输,使之逐步形成人们的共识,这就是社会核心价值观。道德价值观念,作为调整人与人、人与社会、人与自然的重要指引,是社会核心价值观的中心内容。社会一旦形成共同的道德价值观念,人们之间的关系就会形成一个公认的并一致维护与遵守的准则,就可以确保一个正常运转的良好的社会秩序,人们就可以安居乐业,社会就能够实现和谐的目标。反之,一个社会一旦价值混乱、道德堕落,社会就会动乱甚至崩溃,这是人类历史发展反复证明的真理。

高等学校作为专门教育机构,承担培养大学生成长成才之重任,灌输是一个最普遍的教育原则。思想理论、价值观念、为人之道……林林总总,都必须以各种方式进行灌输。且不说教师在教育教学中必须灌输,就是学校课室里的各种装饰画、校园标语、草地上的警示牌,都默默地在给学生灌输着思想教育的内容。很难想象,有哪个学校不需要教育灌输而让学生自发成长的!

2. 灌输的方法

灌输作为一个原则,是始终确定不变的。灌输作为一种方法,其形式手段应该是多样化的。第一,创新灌输方法与形式。注重在灌输过程中激发受教育者的兴趣、参与意识和创新能力,转变受教育者在接受灌输时处于的被动和绝对服从位置的状况,革除过去的"我讲你听,我说你做,我压你服"的陈旧模式,努力使思想政治教育灌输方法富有时代特征。要注重直接灌输与间接灌输、显性灌输与隐性灌输的统一。第二,扩充灌输手段与途径。思想政治教育灌输离不开一定的手段和媒介,我们既要坚持演讲、广播、事迹报告、专题讲座等各种过去实践中行之有效的手段,更要学会运用现代信息传播媒体技术,实现思想政治教育数字化、信息化、网络化的灌输教育,充分发挥广播、电视、报刊和网络的功能,巩固和占领新的思想政治教育的阵地。否则,就会出现江泽民同志所说的,"思想宣传阵地,社会主义思想不去占领,资本主义思想就必然会去占领"①。第三,掌握灌输的艺术。灌输是一种方法,也是一项艺术。教育者掌握灌输的艺术对增强灌输的效果,是非常重要的。根据不同的对象、不同的情况环境,教育者灵活运用各种语言技巧,以事喻理或者是以理说事,甚至将灌输乔装打扮,让它戴上"快乐"的面具,披上"游戏"的外衣,让教育对象不易察觉中达到灌输的目的和要求。

3. 灌输内容的选择

任何教育需要向教育对象灌输的是社会核心价值观念。高校学生道德价值观念的灌输,当然首选社会核心价值观念,其次就是大学正确的价值理念。其内容的科学性、正确性、合理性、实用性毫无疑问是最基本的要求。同时,灌输内容的集中确定是一个重要特点,也是其有效性的一个重要要求。

所谓集中,就是灌输的内容相对要集中于范围不大的比较固定的思想道德观念载体,这是思想道德价值观念灌输有效性要件及重要的特点。如在西方基督教社会要灌输的是反映基督教思想的《圣经》,人们由此可以从社会上各种各样的广泛的渠道免费获得或者读到《圣经》,甚至在各酒店的床头柜上都放有《圣经》供人们诵读(在我国香港地区好多酒店也是这样)。我们中国现在很多人都反感灌输,都以为只有我们才灌输,事实上每一个有

---

① 中共中央宣传部:《毛泽东邓小平江泽民论思想政治工作》,学习出版社2000年版,第8页。

教育的国家及社会，都在灌输其社会需要的核心价值观念。抛开意识形态因素讲，西方基督教社会进行的思想观念灌输，做得比我们更大气、更科学、更精细、更有效。此外，伊斯兰教社会诵读《古兰经》是每个社会成员的必修课，同样抛开其他因素不讲，就价值观念的灌输这一目的，他们也是成功的。反观我们的情况，一直以来我们都写在文件上并在各种会议上诵读的"马克思主义"、"社会主义"的思想观念能在多少人的思想上真正扎根？在现实生活中还能够找到多少符合实际的注脚？就我国大学而言，虽然大学生道德观念培养载体多样化是社会发展的要求，也是一个基本的现实，但多样化不能无序化，更不能使社会主导价值虚无化。恰恰相反，在信息量无限增多、价值多元化社会，更需要采取有力的措施，集中突出宣传正确的道德价值观。当代大学生身上比较突出的问题之一，就是因为信息过多、价值多元而迷茫困惑：有的因为选择太多无所适从而缺乏理想与追求，有的因为学习手段太先进而失去探索奋斗的精神，有的追逐前卫时尚却失去自我，如杨丽娟追星悲剧（注：杨丽娟自1994年迷上刘德华后，不上学不工作，父母为达成女儿心愿倾家荡产。父亲为让女儿筹募旅费，卖房卖肾；杨丽娟于2007年3月25日如愿见到刘德华后，仍不满足于只与偶像留影纪念。3月26日，其父在香港跳海自杀，留下的遗愿竟是希望刘德华再见女儿一面。这是现代中国年轻人盲目、非理智性追星导致的一个非常典型的人生和家庭的悲剧）等最为典型……在科技与经济突飞猛进的时代，道德价值观念的载体丰富而多样，我们必须集中选择具有代表性的可接受性强的高度概括的内容及载体进行灌输，使广大青年大学生易于理解、易于识记、易于消化，并最终形成自己的道德价值观念。多年来的实践经验表明，苛求面面俱到，往往是面面不到。

所谓确定，就是灌输的内容要有连续性、稳定性。首先，灌输内容的确定性是由社会道德价值观的稳定性要求所决定。虽然社会道德价值观会随着社会的变革而在其内容和形式上有所变化，但除了激烈的革命性的社会变革与改造而使之在本质上根本改变之外（虽然不一定建立了新的价值体系，但对旧的社会价值体系的摧毁一定是彻底的），一般来说其基本内容体系始终是而且应该是保持相对稳定的，否则无法保证社会稳定；其次，这是价值灌输实效性的要求。道德价值观念灌输要保证实效性,其内容体系必须是稳定的。如果今天讲一套,明天说一套,今年一个理论,明年一种思想,经常出现变化,有时一种思想观念还没来得及确立,又有新的讲法,是很难达到效果的。一方面,社会道德价值观念的形成本身是需要一个精心培养的过程,经不起反复折腾;另一方面,也使广大群众很难决断什么是正确的什么是不正确的,进而无所适从。稍有年纪的人都会记得,以前的媒体比较单一,信息比较闭塞,但人们都能够从中央人民广播电台每天早晨节目中学会了《歌唱祖国》这首歌曲。这就是内容确定,持之以恒灌输的效果。与此相反,尽管现在的人们面对包括中央人民广播电台在内的大量的媒体,好像是接触好多东西,但认真起来讲有多少记在心里,甚至连《歌唱祖国》都不会了!

  从操作层面来看,集中确定灌输以建构大学生道德价值观,可以选择的方法有:一是确定本校大学生必读必背的经典著作。根据我国学生普遍缺乏传统文化根基这一特点,宜选择儒家经典,如前文所提《论语》、《大学》等为好。因为这些读物不仅是传世经典,而且其所承载的思想文化价值大多具有普世性,如"温、良、恭、俭、让"都是现代人修养的基本要求,又如"己所不欲、勿施于人"被国际社会广为接受……等等。当然,如果有本校大师创作的经典励志读物,则是更好。全校师生都读一本书,都讲一本书,都懂一本书,形成共同话题,逐步构建共同价值;二是精心选择一些经典歌曲,在学校广播电台(站)长期持续播放,对陶冶情操,培养价值是非常有用的。学校广播电台(站)本来是宣传学校发展价值的理念的主阵地,理所当然是有特定的立场,理所当然要选择特定的内容,要旗帜鲜明地培育宣传正确的思想道德观念。如果学校的广播电台(站)每天都播放一些港台流行歌曲、美容减肥节目、愚人搞笑节目,则达不到特定的教育效果。因为学校广播电台(站)是公共资源,要主导的是公共(如共同价值)问题,价值多元化需求问题,自然有好多非主导途径解决。

三、大学生道德养成的内容

《中国普通高等学校德育大纲》和《中共中央关于进一步加强和改进大学生思想政治教育的意见》两份文件对大学生道德教育的内容作出了明确的规定。由于道德的层次性以及各校情况存在差异，各高校必须按照"贴近实际、贴近生活、贴近学生"的要求，结合本校的历史文化传统、当地社会现状等等因素，正确把握普遍性与特殊性、共性与个性的关系，把相对比较宏观抽象的社会主义道德教育的要求，具体化为大学生学习、生活、交往的内容，形成一个以校风(校训)为核心的各个方面有机联系的并切实可行的德育内容体系，体现办学特色。

(一)大学生道德价值观养成的内容

道德价值同样也是可以养成的。高校学生是一个相对特殊的群体，社会对其道德要求相对较高，科学地确定大学生道德价值观养成的内容，是教育的一个重要前提。

1. 价值观及道德价值观

价值观是主体对客观事物按其对自身及社会的意义或重要性进行评价和选择的标准。对个人的思想和行为具有一定的导向或调节作用，使之指向一定的目标或带有一定的倾向性。一般认为，价值观具有以下特性：①主观性：价值观是个人对一般事物的价值进行评价时所持有的内部标准和主观观念。②选择性：价值观是经过选择获得的。这种选择必须是自由的而不是被迫的；是从可选择范围内进行的，选择时必须同时具备其他可选择的内容；是经过慎重考虑后的选择。③稳定性：价值观是个体具有的一种相对持久的信念，个体用这个信念可以判断某种行为方式或结果状态的好与坏、适当与不适当、对与错等等，这种较稳定的信念可使个体的行为都一致地朝向某一目标或带有一定的倾向性。④社会历史性：个人价值观是习得的，是长期社会化和内部化的结果，不同的社会环境和文化背景使人们形成了截然不同的价值观,因此价值观总是对时代精神的反映。⑤发展性:价值观的重要性程度是发展变化的、相对的,不同心理水平的人,尤其是形式思维能力不同的人所持的价值观是不同的。随着人们各方面的成熟、对社会问题理解的加深,各种需要和目标都在发生变化,价值观也在发展变化。⑥行为导向性:价值观是人们行为的最基本的内部指针,个体价值观的形成,除了选择以外,还必须喜爱和赞赏,并按该选择行事,把它作为生活方式反复履行,因此它是指导各种行为的标准,对行为决策起着指导作用。⑦系统性:价值观不是孤立地、单个地存在着,而是按照一定的逻辑和意义联结在一起,按一定的结构层次或系统而存在的,单一的价值观只有处在整个价值系统中时才能显示出作用和意义。

道德价值观就是人们关于自身的道德观念、道德行为对于社会和人的意义的衡量,它由特定的内容组成,并按照特定的形式构成一个独特的完整结构。道德价值结构的形式是以认知能力为基础的,但又不是认知能力,也不是认知能力在道德范畴中的简单应用,它具有自己的独特性和完整性。道德价值结构的内容直接受不同文化背景的影响。价值观念通过成人讲授、强化、认同、观察学习等方式而形成,之后又受经验、平衡化、道德价值结构发展水平等因素的影响而使其价值高低不断发生变化。当一种或几种价值观念一致时,个体就遵循它发生行为;不一致时,就要通过增加新价值观念或改变现有价值观的价值高低来减少或消除失调。几种价值观协调后就可共同支配个体的道德行为,也将协力应付以后不断出现的新价值观。这样,个体就逐渐形成和发展成一个统一的道德价值结构。原有的道德价值结构和新出现的价值观之间存在着同化和顺应过程,通过这种"不平衡—平衡—不平衡"的不断反复,道德价值结构就被推向更高的阶段。一个完整的道德价值结构的发展经历了原始、习俗、原则三种水平。习俗和原则水平的发展是与原始水平上的两种倾向——功利主义和移情相联系的。这两种倾向导致教育对象向不同的方向发展。从功利主义到遵守法纪和社会习俗,这以外界压力为基础;原始的移情与高级形式思维能力结合后,就发展出原则性的道德价值结构。道德价值结构的发展机制是以认知功能和社会交往的发展为基础的,认知功能是在成熟、经验和平衡化作用下发展的,而社交类型和范围是在个体的社会实践活动中不断变化的。

　　道德价值观的养成,就是培养人们对道德品行的重要意义的正确理解和判断。为了便于理解,我们引用智能价值作比较。所谓智能价值,就是把个体的知识、能力、智力等因素作为一种价值判断标准,它是构成人生价值的一个方面。智能的高低并不能代表人的思想道德素养的高低,有智商不等于有道德。但在实际生活中,往往有人以智商来忽视或否认人格、品德所具有的价值意义。例如有人认为张华救老农不值得就是这种价值观念的一种反映。我们同时还经常可以看到,同样是一个知识渊博的人,有的可以有所发明、有所创造,感受到精神的充实和生活的意义;有的则可能眼高手低,挑三拣四,一事无成,空有才学。同样是一个残疾人,有的失望,消极抱怨,而有的则能正视现实,战胜困难,奋发有为。这种价值目标出现的巨大反差,原因不在于知识的多少、能力的强弱、智力的高低,而在于一个人的人格品德和意志毅力的自我需要的性质、追求精神境界层次的高低。

　　道德价值观形成于社会生活实践,并反映个体对社会生活实践的认知水平。由于"人的本质不是单个人所固有的抽象物,在其现实性上,它是一切社会关系的总和"。[①] 因此,每一个正常的人都有自己的道德判断和评价,这就是人们的价值观。价值观具有普遍性,对任何主体来说是一个客观的存在,其区别只是正确与否的问题。一般而论,正确的价值观是符合道德的,也可以认为正确的价值观就是道德的价值观,我们要培养的是正确的价值观即道德价值观。对教育者而言,不论教育的对象针对的是个体还是群体,德育不成功就是失败。道德价值观通常通过人的德性表现。人的德性包括人的政治立场和政治方向、道德情操和思想觉悟、意志品质和行为能力等。这种人格精神在促进内在价值向外在价值转化的实践过程中具有十分重要的作用。正确良好的人格精神,可以促使人的内在价值不断充实和有效发挥,更快更好地实现人的外在价值。反之,如果缺乏德性、品质恶劣、作风败坏、沽名钓誉、损人利己,不但会限制各种能力的发挥,影响人生价值实现,还会给社会和人民带来负价值,甚至完全毁掉自己的人生。

　　[①] 《马克思恩格斯选集》第1卷,人民出版社1995年版,第56页。

社会主义市场经济倡导竞争,鼓励创新,激励人们在竞争创新中充分发挥自己的才能,进一步完善并体现智能价值。市场经济的发展,驱使着青年学生追求新观念,注重技能素质的提高,注意创新能力的培养,崇尚务实,讲求效益,力求适应环境的变化,实现个人的价值。但是,市场经济的负面影响也会带来人格的扭曲,有的学生在知识技能方面竞争意识很强,但在思想道德方面则甘居中游,不求上进者不乏其人,对学校、社会为了提高大学生思想道德素质而进行的各种教育活动缺乏应有的兴趣和热情;有的学生集体观念趋于淡薄,特别看重个人利益;有的学生为了能在智能竞争中获胜而采取一些损人利己的做法;有的学生个人衣着讲究,可以"领导新潮流",但在宿舍经常不叠被子,对周围环境的脏、乱、差视而不见,甚至逃避卫生值日,令人感叹"一屋不扫何以扫天下?"……诸如此类的现象,令人深思。在步入知识经济全球化的时代,青年大学生正面临着成人与成才两大人生课题,一个人成才并不仅仅是因为他具有渊博精深的科学文化知识,更重要的是要具有高尚的思想道德和健全的身心体魄。一个人不修身,就不会成为有用之才。一个没有高尚人格境界的人,是不可能为社会作出贡献的。人生价值的实现、创造,一方面要努力培养和提高自己的智能才学,另一方面更需加强自己的人格锻炼和思想道德修养。大学道德教育,就是要积极主动,有所作为,要充分利用市场经济对大学生德育的各种有利因素,同时要控制市场经济可能带来的不良影响,培养大学生良好的道德价值观。

2. 大学生道德价值观养成的内容选择及原则

"学校是有计划、有组织、有目的地向社会成员长期进行系统传授价值观念、社会规范、生活技能、科学知识的制度化机构。这种长期的系统教育,对儿童的社会行为的模塑在现代社会中是无以替代的。"[①]道德价值观的教育培养,是学校教育的一个重要职能。任何价值观都是一个复杂的体系,道德价值观也是一样,由各种复杂的结构和层次构成,有些要求是比较高的,有的要求比较一般。高等学校需要做的是在这样复杂的道德价值结构和层次中,选择科学合理的、比较有操作性的内容,并以此培养学生。

---

① 宋锦添:《人生学导论》,中国人民大学出版社1990年版。

(1) 按照校园化、生活化原则，培养普遍性的道德价值观念

道德的层次性决定了道德价值观的层次性，因此我们将大学生道德价值观分为基本道德价值观和崇高道德价值观两个层次。相关要求全面体现在《中国普通高等学校德育大纲》和《中共中央关于进一步加强和改进大学生思想政治教育的意见》两份文件中。

根据《中国普通高等学校德育大纲》的要求，高校德育内容共有十项：第一，马克思主义列宁主义、毛泽东思想和邓小平建设有中国特色社会主义理论教育。包括马克思主义的基本原理教育、中国革命的理论和历史教育、建设有中国特色社会主义理论和实践的教育、正确认识当代世界经济政治与国际关系的教育；第二，爱国主义教育：包括中华民族爱国主义传统教育、中国近现代史教育、中国国情教育、热爱社会主义祖国教育、民族团结教育、国防教育和国家安全教育；第三，党的路线方针政策和形势教育：包括党的基本路线教育、国内外形势与政策教育；第四，民主、法制教育：包括社会主义民主教育、社会主义法制教育、纪律教育；第五，人生观教育：包括人生价值观教育、人生理想教育、人生态度教育；第六，道德品质教育：中华民族优良道德传统教育、社会主义道德教育、社会公德教育、职业道德教育；第七，学风教育：包括学习目的教育、治学态度教育；第八，劳动教育：包括劳动观念教育、劳动态度教育、热爱劳动人民教育；第九，审美教育：包括审美观念教育、审美情趣教育、审美能力培养；第十，心理健康教育：包括心理健康知识教育、个性心理品质教育、心理调适能力培养。

《中共中央关于进一步加强和改进大学生思想政治教育的意见》指出，加强和改进大学生思想政治教育的主要任务，一是以理想信念教育为核心，深入进行树立正确的世界观、人生观和价值观教育。要坚持不懈地用马克思列宁主义、毛泽东思想、邓小平理论和"三个代表"重要思想武装大学生，深入开展党的基本理论、基本路线、基本纲领和基本经验教育，开展中国革命、建设和改革开放的历史教育，开展基本国情和形势政策教育，开展科学发展观教育，使大学生正确认识社会发展规律，认识国家的前途命运，认识自己的社会责任，确立在中国共产党领导下走中国特色社会主义道路、实现中华民族伟大复兴的共同理想和坚定信念。同时，要积极引导大学生不断

追求更高的目标,使他们中的先进分子树立共产主义的远大理想,确立马克思主义的坚定信念。二是以爱国主义教育为重点,深入进行弘扬和培育民族精神教育。要把民族精神教育与以改革创新为核心的时代精神教育结合起来,引导大学生在中国特色社会主义事业的伟大实践中,在时代和社会的发展进步中汲取营养,培养爱国情怀、改革精神和创新能力,始终保持艰苦奋斗的作风和昂扬向上的精神状态。三是以基本道德规范为基础,深入进行公民道德教育。要引导大学生自觉遵守爱国守法、明礼诚信、团结友善、勤俭自强、敬业奉献的基本道德规范。四是以大学生全面发展为目标,深入进行素质教育,促进大学生思想道德素质、科学文化素质和健康素质协调发展,引导大学生勤于学习、善于创造、甘于奉献,成为有理想、有道德、有文化、有纪律的社会主义新人。

  两份文件虽然角度不同,但总体的要求是基本一致的。从两份文件看来,大学生道德建设内容广泛,体系宏大。这些内容作为对大学生培养的整体要求是必要的,但大学如果按照两份文件规定的所有内容一件一件去落实,事实上任何人都明白,这是绝对不可能的。所以,我们发现好多的高校都存在一方面埋怨德育任务太重,一方面又是减少或变相减少思想品德课时的情况。问题的实质在哪里?这样的矛盾应该如何解决?实事求是地说,两份文件都没有什么问题,只是我们高校自身处理不好普遍性与特殊性的问题。作为一个具有普遍指导意义的文件,当然是而且也必须要面面俱到的。而高校作为一个具体办学单位,一方面它所承担的只是大学阶段的德育,本身就有这一阶段的特点及其内容的特定性,不可能也无法面面俱到;另一方面,每所大学都有自己的文化特点,它还必须在指导文件的基础上根据本校的历史文化传统、当地社会现状等等因素,确定一个以校风(校训)为核心的各个方面有机联系的并切实可行的德育内容体系,并以此作为办学特色。这便是《中共中央关于进一步加强和改进大学生思想政治教育的意见》提出的"坚持以人为本,贴近实际、贴近生活、贴近学生,努力提高思想政治教育的针对性、实效性和吸引力、感染力"的要求。所以,大学生德育的指导性文件落实到一个具体的办学单位,就应该成为更加具体的并富有特色的内容,如中山大学一直以来承传孙中山先生所提的"博学、审问、慎思、明辨、笃行"的校训,就是其办学理念,也应该是其人才特色。如果办不成这样,则是不成功的。其他学校也是一样,如果没有办出自己特色,就只是一个没有任何能动性的机械地执行上面任务的单位,是一个没有理念的学校,也是一个不成功的学校。

  据此,高校必须处理好普遍性和特殊性问题。举个例子说,如两份文件都要求对高校学生进行马克思主义教育,学校通常的做法就是开出若干理论课程进行系统教学。可是不论是教师还是学生,谁都很难一下子讲清楚什么是马克思主义!这样,马克思主义就变成一个非常抽象的不着边际的东西了。当然我们这里不是否定马克思主义理论的专业教育,而是主张以马克思主义指导的高校德育必须变为大学生看得见摸得着的具体生活内容。从道德观念来讲,高校就应该根据学校的实际情况将马克思主义道德观直观化、具体化、生活化,并以此为切入点逐步推进大学生道德的全面建设。我们通常说德育是一个系统工程,道德价值观的建设同样也是一个系统工程,就一个具体学校而言,这个系统工程各部分各要素的发展现状并不平衡:有的部分已经完善、有的部分还是半拉子工程、有的部分甚至还是空白……学校就要充分评估这些具体的情况,然后找准或者确定学校重点建设的部分,进行针对性的教育。再说得具体一些,如某校根据各种具体情况,决定以大学生"诚信"建设作为重点及突破口。首先诚信本身就是马克思主义的道德观的一个具体表现,与中央要求相一致;接下来就不能按老办法浮在表面讲理论了,学校还得就这个重点专门制定一个完善的计划,甚至以课程的形式有条不紊地进行,使道德建设真正成为大学生学习生活的一个不可分割的重要部分,这样的道德建设才有根基,才有实效。

  基于以上的分析,虽然各高校大学生的道德建设的切入点、侧重点可能各有不同,但道德所要解决的都是主体的为人处世问题,都有共性的一面。当代大学生,应该树立的最基本的道德观念至少包括:诚实守信、自立自强、思源感恩、敬师爱友、遵纪守法等。

  (2)高标准、严要求,导向更高层次的追求

  大学生在中国一直以来被认为是天之骄子、社会精英。尽管这些年来高校办学规模扩大,在校生人数高速增长,但这个说法依然成立。毕竟在我

们国家能够进入高校接受高等教育的人所占比例还不高,如果这样的一个群体不能承担起应有的社会及历史责任,如果这样一个群体不能健康成长,则社会就不能健康发展,国家就没有前途。所以,这样一个承载国家民族希望的群体,理应是道德的楷模。既然如此,高等学校就是要在培养大学生基本道德观的前提下,还要引导大学生培养崇高的道德价值观。当然这是以成功培养基本道德价值观为前提,如果连最基本的道德观都培养不了,还奢谈培养所谓的崇高道德价值观,则无异于缘木求鱼。

我国是由中国共产党领导的社会主义国家,党的宗旨决定了我们奋斗的目标是建设共产主义社会。这就规定了我们还要培养大学生更加高尚的道德价值观,即社会主义和共产主义的道德价值观。根据罗国杰教授在1988年发表的《关于社会主义初级阶段道德建设的几个理论问题》和《论社会主义初级阶段的道德的四个层次》等论文的观点,他把人们道德境界的层次或者道德觉悟的水平,划分为这样四个层次:第一,共产主义道德觉悟的层次,即"大公无私"道德境界。第二,社会主义道德觉悟的层次,即"先公后私"的道德境界。第三,类似于合理利己主义的层次。第四,极端自私自利的层次。对这四个层次道德规范的态度分别是认真提倡,身体力行,引导提高,坚决抵制。他认为,应当在全社会提倡社会主义、共产主义思想道德,同时要把先进性要求与广泛性要求结合起来。社会主义和共产主义的道德观,落实到高等学校,应该是培养大学生树立:坚定社会主义共产主义信念、追求进步、服务社会等等道德观念。

现实的情况是,当前的大学生在理论上似乎都懂得这些大道理,他们在填写各种表格、给自己写鉴定或者回答相关问题的时候都会游刃有余地使用这些理论,都说自己有远大理想、坚定信念、无比的忠诚等等。诚然有部分同学是言行一致的,但也有相当数量的同学甚至大多数同学在实践中无法找到理想与现实的联系点。这也是前文所述的大学生道德认知与道德实践脱节的问题,解决的办法也还得从大学生的实际出发,首先解决基本道德问题,然后循序渐进地实现道德人格升华,形成高尚的道德品格。基本操作是:对高校学生整个群体重点加强基本道德价值观的培养;对部分进步较快觉悟较高的学生,则重点培养更加崇高的道德价值观,即社会主义共产主义道德观。

(二)大学生道德行为习惯养成的内容

道德的层次性决定了高校学生道德行为习惯也具有层次性,这个特点也一样要求我们科学确定大学生道德行为习惯养成的内容。

1. 大学生道德行为习惯的层次性

具体说来,高校学生道德行为习惯可以分为几个递进的层次:首先,高校学生是社会的一员,必须履行公民道德基本规范,即要爱国守法、明礼诚信、团结友善、勤俭自强、敬业奉献。这是最初的最基本的层次。其次,是作为学生的相对特殊的道德行为要求。再次,是作为高校学生的更加特殊的道德行为要求。这样区分的好处是可以使我们更好地处理普遍性与特殊性的关系,更加有的放矢地进行道德建设。道德作为一项"人格建构"工程,包含众多相当复杂的要素,是一个长期的养成过程,具有渐进性和连续性的特点。高校学生在大学期间是一个重要的成长的阶段,也有其自身道德人格发展的特点。因此对高校学生道德的培养,虽然必须顾及一般要求,但更重要的是要重点关注其特殊性。当前,多数高校对学生道德培养的目标确定得比较模糊,追求面面俱到,缺乏层次性、重点性。试以某高校规定的大学生行为准则为例:

(1)遵守宪法和国家法律、法规以及学校规章制度,自觉维护社会稳定和校园秩序。

(2)坚持社会主义、集体主义。关心集体,积极参加集体活动,不做有损于学校和集体荣誉的事;顾全大局,个人利益要服从国家利益、集体利益。反对极端个人主义。

(3)坚持实事求是原则。说话要有事实根据,办事要从实际出发,要如实反映情况,不弄虚作假,正确开展批评与自我批评。

(4)发扬艰苦奋斗精神。勤俭节约,不浪费水、电、粮食;热爱劳动,自立自强,积极参加校内外公益活动和勤工助学活动,不从事经商活动。

(5)注意个人品德修养。衣着整洁,朴素大方;谦虚谨慎,礼貌待人;诚实守信,尊重他人;语言文明,不讲粗话脏话;尊敬师长,团结同学;男女交往,举止得体;讲究社会公德,敢于向不良行为作斗争。

(6)维护教学秩序,培养优良学风。勤奋学习,刻苦钻研;遵守学习纪律,按时上、下课,独立完成作业,考试不作弊,积极参加第二课堂活动。

(7)自觉维护公共秩序,遵守公共场所有关规定。不打架斗殴,不起哄闹事,不赌博,不吸烟,不酗酒,不观看、传播反动、淫秽书刊和音像制品,不上黄色网站。

(8)遵守宿舍管理规定。维护宿舍秩序和卫生,树立安全意识,不违章用电用火,不私自留宿他人。积极参加宿舍文化建设和创建"文明宿舍"、"学风优良宿舍"活动,努力营造良好的集体生活环境。

(9)爱护公共财物,保护公共设施,爱护校园花草树木。不乱刻乱写,不乱抛废弃物,不随地吐痰,损坏公物要自觉赔偿。

(10)养成良好的生活习惯。搞好个人卫生,维护公共卫生。积极参加体育锻炼和健康有益的文化娱乐活动,增进身心健康。

以上规定,看起来似乎并无不妥,做起来却有些难度。因为,如此面面俱到的要求,作为一般的号召是可以的,但作为教育者做起来应该如何入手?先做什么后做什么能否都做得到等等恐怕就很难操作!事实上,以上提出的对大学生的道德要求,有一部分要求大学生已经都能做得到;有一部分大学生或许都已经完全做到这些要求!我们要解决的是:大学生道德的层次性表现在哪里?一般性和特殊性是什么?如何找准大学生道德培养的切入点?搞清楚这些问题,才能科学确定大学生道德养成的内容,才能够增强大学生道德培养的效果。

2. 大学生道德行为习惯养成的内容

大学生是青年,并且是其中的佼佼者。因此,大学生道德应具有一般性和特殊性。首先,从一般性讲,高校学生应该具备作为一般公民所应该具备的基本的道德要求。以往我们通常强调要爱祖国、爱人民、爱劳动、爱科学、爱社会主义,即"五爱",这当然是正确的;现在我们提出要爱国守法、明礼诚信、团结友善、勤俭自强、敬业奉献、忠诚、正直、勇敢、节操等等,都是高校学生作为一般公民必须具备的最基本的道德要求。

同时,大学生道德要求还有特殊性的一面。首先,由这一群体的特殊性决定。在我国,高校学生的数量虽然越来越多,但所占总人口比例还是较低,社会对这样的群体寄予厚望,这个群体也理应承担起更加重要的社会和历史责任,因而对这个有文化有知识的群体提出比一般群体更高的道德要求也是理所当然的。其次,由时代的特殊性决定。我们通常说这个时代是全球化时代,是知识经济时代,我国要建设全面小康社会和实现社会主义现代化,必须培养更多的知识精英,才能从容应对这样一个发展迅速竞争激烈的时代。再次,由科教兴国战略决定。我国提出的科教兴国战略,要求全面落实科学技术是第一生产力的思想,坚持教育为本,把科技和教育摆在经济、社会发展的重要位置,增强国家的科技实力及实现生产力转化的能力,提高全民族的科技文化素质。国家实施这样的发展战略同样需要一大批德才兼备的高校学生。

大学生道德行为习惯的特殊性,是与前文提出的高校学生要树立更加崇高的价值观念是相一致的。根据当代社会发展的特点以及高校学生自身的特点,我们认为高校学生还应该重点培养如下道德品格:第一,求实创新的治学精神。高校学生最为主要的任务就是在健康成长的过程中学习各种文化技能,如何治学则是每一个学子首先必须回答和解决的问题。求实,就是踏实认真、实事求是,不投机取巧,不主观臆造。创新,就是积极进取,大胆探索,在前人的基础上创造新的价值。求实创新,既是一种治学态度,又是一种道德精神,是多数成功学人的宝贵经验。所以,培养这种态度和精神是每一个高校学生所必需的。第二,自尊独立的自我意识。自尊独立的自我意识就是指大学生要尊重自我个性、发现自我的价值,不盲目跟风,不盲从大流,坚持追求真理,坚持正确的道德原则。由于片面地理解市场化的价值取向,有相当多的高校学生逐步养成一种过分迎合市场的"商品人格"而失去自我,有的甚至更俗不可耐、腐化堕落。这样的情形使得被认为是最优秀群体的高校学生无法承担社会栋梁应当发挥的道德楷模、社会良心的作用。因此,强调高校学生培养自尊独立的自我意识,是大学生之所以为大学生、社会之所以还有希望之所在。第三,合作共赢的交往态度。一方面,市场经济取向改变了以前国家及社会组织对个人包揽一切的做法,每一个个体必须自己选择社会同时也必须面对社会的选择。学会合作,在追求自己利益的同时也尊重他人利益,并谋求个人、他人和社会的共同发展是一种新的社会发展特征,这也是个人安身立命并求得发展的必要前提。另一方面,在人际交往中培养高校学生合作共赢态度,有利于高校学生树立大局观念,增强社会责任感和培养主体意识。因为,愿意合作善于合作的人,首先是从社会人群及其关系的角度来观照自身,从而更加明确自己的应该承担的责任,更加明确社会关系中的自我主体性。第四,知行合一的处世作风。这一点本来是任何公民必备的最基本的品格,这里专门对高校学生提出这样的要求,主要有两个针对性:其一,是针对当前高校学生在道德方面知行脱节的问题比较严重的现实,这个情况我们在前文已经作了较具体描述,我们当然要将这个较为突出问题作为高校学生道德建设的重点内容之一;其二,同时也是针对当前我国社会道德恶化的基本现实,道德恶化最普遍的表现就是诚信缺失、知行脱节,讲诚信、讲真话成了新闻事件。面对这种社会环境,高校学生应该以自己优良的道德素养,发挥表率作用,为提高社会道德水平作出应有的贡献。以上四个方面,就是高校学生道德养成的重点内容和重要切入点,如果我们能够从以上四个方面加强高校学生良好道德行为习惯的养成,以点带面,大学风气一定会更好,大学生也将真正成为能够承担国家和民族未来希望的精英群体。

第四章 制度规制:习惯养成

大学生是在大学接受高等教育的一个特定群体,大学生道德行为习惯养成,虽然不排除其自主自觉的因素,但是大学作为具有明确价值追求的专门教育机构,必须以其价值理念影响学生各方面的发展,包括道德要求。而要实现大学的教育目的,必须依靠一套行之有效的制度。

一、大学理念与大学制度

(一)制度与道德

1. 制度与道德的含义

"制度",在《辞海》给出了这个定义:(1)要求成员共同遵守的,按一定程序办事的规程或行动准则。如:工作制度,学习制度。(2)在一定的历史条件下形成的政治、经济、文化等各方面的体系。如:社会主义制度。按照这个定义,制度从狭义上讲是一种"规程"或"准则",从广义上讲是一种由众多关系与准则构成的"体系"。在《词源》中,"制度"的定义是:(1)法令礼俗的总称。——《易·节》:"节以制度,不伤财,不害民。"——《书·周官》:"考制度于四岳。"——《汉书·元帝记》:"汉家自有制度,本以霸王道杂之"。(2)指规定、用法。——元朝王实甫《西厢记》:"红云,用着几般儿生药。各有制度,我说与你。"在《词源》中的"制度"用法与我们现在的用法有一定的差异,因为"制度"是"制"与"度"合成的复合词。"制"在词源里有8个意思,依次为①裁断;②制作;③节制、制止、控制;④成法;⑤帝王的命令;⑥守父母之丧;⑦古长度名;⑧春秋郑地名。度者,计量长短的标准、限度、法度等等。我们可以看出,"制"与"度"合一,就是约束人们行为的规矩、章法。

道德是人类社会特有的精神现象。如果从词源学上来考察,道德一词源于拉丁语 Mores,意指传统习惯和风俗。引申开来,也有原则和规范、行为品质和善恶评价等含义。在我国古代,"道"和"德"最先是分开用的。所谓"道"是指人所用以行走的道路,也指事物存在、运行、生、灭所用以遵循的法则,并引申为人们必须遵循的社会行为的准则、规矩和规范;"德"即得,所谓"德者,得也"。人们认识"道",遵循"道",内得于己、外施于人,便是"德"。马克思主义认为,道德是由一定社会的经济关系所决定的特殊意识形态,是以善恶评价为标准,依靠社会舆论、传统习惯和内心信念所维持的,调整人们之间以及个人与社会之间关系的行为规范的总和。

2. 制度与道德的关系

从以上对制度与道德的语义分析,可以看出,两者在协调、规范、处理人与人、人与社会关系方面起着极其重要的作用,都是人类社会规范系统中的重要组成部分。因此,制度与道德具有不可分割的相关性,在现实社会发展中突出的表现是两者相互促进、相互转化。

(1)制度与道德相互促进

首先,制度接受道德的指引与评判得以发展。

每一种制度的建立都受一定价值判断与目标定位的支配,不同的制度会体现不同的性质就在于不同的理念引导。可以说,制度是一定价值理念的实体化和具体化。一定的制度蕴涵着相应的道德观念和道德意识,制度的制定和安排是以道德性为前提和基础的。当制度以正向价值为指引,如社会主义制度,就是体现了维护民主、自由、平等、人权、正义和宪政,以人为本的理念。当制度的指导理念为负向时,制度就会成为专制、人治、维护特权和不平等的工具,甚至成为法西斯专政的手段。

既然理念的好坏决定了制度的好坏,那么理念的选择与定位就具有不可忽视的意义。毫无疑问,作为社会人当然期望好的制度,因此,必须要借助道德对制度进行正向的价值导引和作为评判标准。比如,我们批判资本主义，颂扬社会主义，在道德评价的层面上，主要并不是因为资本家个人的贪婪性而在于资本雇佣劳动制度，社会主义废除雇佣劳动制度，确立了劳动者的主体性和自主性，实行按劳分配，从而显示出制度的道德进步性。

道德对制度有另一层次的意义，就是道德的导引可以降低制度实施的成本。制度的一个功能是告诉人们什么是可为，什么是不可为，即制度的约束机制。一般来说，制度会借助两种方式达到目的，一是通过意识形态说服人们自律，一是依靠外部权威强制执行。第一种方式主要就是道德要求和道德导向。道德要求是制度体系不可分离的组成部分，社会制度本身的合理性，即社会制度的公正、合理与科学，对社会成员具有巨大的道德效应。人们对于制度逐步形成认同感从而自觉践行，可以有效化解制度实施中的阻力，明显降低了制度实施的成本。一项不符合人们道德要求的制度，最终会因为难以实施而被更改或废止。

其次，道德要求的实现和强化需要制度的支持。

道德的主体是人，其意义及它的实现在于人类的自觉。马克思指出："道德的基础是人类精神的自律。"①道德强调通过教化形成内心信念使人们达到内省和自律。但千百年来的历史实践告诉我们，人心并不必然向善。当人在道德信仰追求与现实利益发生对立时，还能保证会忠于道德吗？爱尔维修也指出："当人们处于从恶能得到好处的制度下，要劝人向善是徒劳的。"②一旦人们的行为不能自觉遵守道德信仰，道德对这个问题无能为力，这是其本身的缺陷。制度可以起到普及道德价值理念的作用。任何一种制度的出台与实施往往都会随之发生大量的宣传教化工作，这就是一种道德教化。制度具有强制性，对不自觉行为的惩处以教育和引导人们的行为趋于自觉。

道德是社会物质条件的反映，是由一定的社会经济基础所决定的一种社会意识形态。社会经济基础的性质决定各种社会道德的性质，有什么的经济基础，就有什么的社会道德。而社会经济基础的变化，必然引起社会道

---

① 《马克思恩格斯全集》第2卷，人民出版社1956年版，第15页。
② ［美］萨拜：《政治学说史》，商务印书馆1986年版，第633页。

德的变化。可以说,利益是道德的基础。道德虽强调"应当",但因其缺乏强制力既无法阻止也无法惩罚人们出于利益驱动而破坏道德的行为。在充满复杂利益关系的现今社会,仅仅靠道德本身是难以达到理想和谐社会的目标。道德的"应当"要想真正实现,就需要把道德情感、理想融入到具体的社会制度中,使其具体化为社会成员所必须遵循的具操作性的规范。但前提是"道德"要符合以维护个人利益权利为基本内容和根本目的的社会公德。道德建设需要社会制度系统的支持的根源在于道德问题不可能依靠道德本身来解决,依靠道德的自我完善解决社会道德危机,只会使社会生活陷入更深重的道德灾难。

随着现代文明的发展,过去用道德来调控的一些社会行为。如抽烟、吐痰、随地扔垃圾、生儿育女、养老等,现在已逐步地纳入了法律制度调控的范围。道德要求的实现和强化需要制度的支持,向制度发展并不是道德的消亡,而是道德的升华,不是对道德的否定,而是对道德更高层次的肯定。

(2)制度与道德在一定条件下可以相互转化

道德通过制度形式来实现其规范功能和制度在一定的阶段把道德作为自己的价值形态,并不能算是制度与道德相互转化,这种转化充其量是"量变"而并未真正达到"质变"。这里所指的制度与道德相互转化是基于两者内在规定而达到的一种客观而又必然的联系。

首先,制度实行相当长时间会内化为人自身的道德要求。一种制度一旦建立,组织和个人就会去适应它,为求从中得到制度利益。当制度实行相当长的时间并发生符合其本意的效用结果时,它便成为了人们共同接受的规范,虽然在范围、程度和层次上可能会有所分别。但人们都是基于制度所带来的利益驱动的,于是人们会按制度的要求去想、去行动和生活,经过无数次的重复后,人们的活动、生活和思维都自然而然地按制度去做,从而成为了人的价值观念、生活态度和道德要求。制度逐渐内化为道德,通过制度运作落实到个人的行为。最初制度为人们提供了一定的行为准则与要求,当通过认识、验证、实践这些准则,以致社会成员在任何场合都以这种模式行事并对违反者处以批判时,这套行为模式已被道德化。制度的道德化不只对人们当前行为有作用,而且会改变人对自己行为的预期与设计,影响人们现存的欲望和将来的行为,这种影响更加深层次。

其次,道德被广泛接受时就成为制度。道德普遍可以在观念中存在,但它不一定引起人们精神上的共鸣并且产生灵魂的皈依。一旦道德为人所真正接纳,虽然其是无形的但力量却是强有力的,这种力量不是外在的,而是发自人内心的或者说从自觉与自愿升华到一种潜意识或无意识,具有非常强烈的规范性。马克斯·韦伯所说的,人们遵守道德习俗时的那种"毫无思考"与"出于方便"就是一种无意识。这种无意识使得道德习俗"在今天可能还是非常命令性的,连一个独裁者也没法推翻它们"。① 人们按照道德标准去行为,这样既不会受到指责,也使自己内心感到安宁。这时道德的作用不亚于政治制度、法律制度等强制力量。

(二)大学理念与大学制度

大学的理念是大学的灵魂,是制度设计的基础,大学制度则是实现大学理念的重要保障。大学理念落实到具体的一所大学,就是办学理念,也是设计每一种大学具体制度的重要基础。要创建一流大学,一方面要以先进办学理念设计先进大学制度,同时要以严格有效的大学制度的作用实现大学的目标。

1. 大学理念是大学制度灵魂

大学理念是人们对大学的本质及其办学规律的一种哲学思考体系,是人们对大学总的看法,是一种大学哲学观。大学理念需要解决的是"要办好的大学"、"要培养好的学生"的问题。通常情况下,现代大学理念适用于每一所大学,如果各个大学的办学理念都不一样,那么其中一定有些大学的理念是落后的。而办学理念,指人们对自己学校的定性、定位及职能的认识。办学理念要解决的是"怎样办好的大学"、"如何培养好的学生"的问题。办学理念是大学具有鲜明个性特色的办学思想和价值追求,是一所具体的大学所特有的。也可以说,每所大学的办学理念都应该是不一样的,如

---

① [美]约翰·康芒斯著,于树生译:《制度经济学》(上册),商务印书馆1962年版,第90页。

果每所大学的办学理念都是一样的,那么一定是有问题的。这主要是因为,作为"个体"的大学是办学的主体,它们的文化传统、历史地位、所处环境和办学目标有很大的差异。因此,不同的大学在办学时既要遵循大学的本质及其办学的普遍规律,又要从各自的实际情况出发形成具有鲜明个性的办学理念,努力办出自己的特色,这就是统一性与个性化的辩证统一。只有这样,我们的大学才能既沿着正确的轨道前进又呈现出绚丽多彩的繁荣局面。不同大学具有鲜明个性的办学理念与不同大学倡导的个性化的大学精神是紧密相连的,这种个性化的大学精神是不同大学办学特色的灵魂,它主要不是依靠外在力量塑造的,而是这所大学在长期办学实践的基础上经过文化的历史积淀和自身的主观努力逐步形成的。对于一所大学来说,在长期办学实践的基础上逐步形成的这种个性化的大学精神存在于全校师生员工的心灵之中,起着潜移默化的作用,既是办好大学和实现理想目标的巨大精神力量,也是大学里每个人做人、做学问和做事的强大精神支柱。

  大学的理念决定大学的基本制度,包括学制、组织方式、运作规律等等;办学理念则规定大学的具体制度,包括人才培养模式、培养的目标、人才特色等等。对一个具体的大学而言,确定一种先进的办学理念尤为重要。办学理念对办学起着定向的作用,对于办学者来讲:首先,他所设计的用以维系学校运行的一整套制度系统,都要体现并服务于其办学理念;其次,办学者对学校进行任何重大的改革,从本质上讲就是对学校进行重新设计,这一设计是否成功,首要的就在于是否形成了明确的符合社会发展要求的办学理念。正如德国著名的哲学家、教育家卡尔·雅斯贝尔斯所说:"重新确定大学的理念是首要的任务。"[①]办学理念的重要性,是使办学者不能老是重复过去,而要给予学校一个未来发展的远景。如果没有这样一个远景作指引,在行动上就会是"脚踏西瓜皮,滑到哪里算哪里"。美国著名的教育家、芝加哥大学前校长罗伯特·赫钦斯曾指出:"大学需要有一个目的,一个最终的远景,如果它有一个远景,校长就必须认出这一远景;如果没有远景就

[①] 雅斯贝尔斯著,邹进译:《什么是教育》,三联书店1991年版,第143页。

是无目标性,就会导致美国大学的极端混乱。"①一般而言,好的理念是好的制度的重要基础,但有好的理念并不等于好的制度。这就是说,制度设计要科学论证,要符合实际,要有合理性和可行性。

2. 大学"制度德育"及其设计

"制度与道德原本就有着亲缘关系,起源上同根同源,内容上相互渗透,功能上相互支撑,特点相异而又义理相通。"②在学校,将制度引入德育,必须区分两个基本的概念及其辩证关系,一是德育制度,二是制度德育。德育制度是指有关学校道德教育的规范体系,是"正式的、理性化的、系统化的、见诸于文字行为规范,如学生守则、学生日常行为规范、学习制度(考勤制度、课堂常规、考试制度、图书馆规则)、生活管理制度(作息制度、宿舍规则、食堂规则、卫生清洁制度等)、学生的礼貌常规和品德测评制度等"。③ 德育制度是一种重要的教育资源,是制度德育的最重要的基础与根据。制度德育则是一种德育的方法论,是通过制度进行道德建设的理念及方法系统。制度德育与德育制度相互促进、辩证统一,共同作用于德育实践中。

(1) 我国制度德育的理论与实践

在20世纪90年代以前,理论工作者还没有德育制度的概念,更没有认识到制度对培养学生道德品质的价值。1989年胡守棻先生主编的高等学校文科教材《德育原理》出版,在这本较有影响的教材中,只是把建立健全的规章制度,作为德育管理的手段,目的是在于评估学校德育工作,并未把它作为对学生进行道德教育的资源。④ 进入90年代,魏贤超教授就构建大德育课程体系问题,提出把德育环境中的"体制与气氛"作为一个要素,并指出要"鼓励、促进学生参与现有体制与气氛的改革与发展,让学生在参与

---

① [美]克拉克·科尔著,陈学飞等译:《大学的功用》,第20页。
② 梁禹祥:《制度伦理与道德建设》,《道德与文明》2000年第3期,第27页;中国人民大学报刊复印资料:《伦理学》2002年第10期。
③ 杜时忠:《制度德性与制度德育》,《高教探索》2002年第4期,第13页。
④ 胡守棻主编:《德育原理》,北京师范大学出版社1989年版,第253页。

中受到教育"。① 1996年班华教授主编的全国师范院校通用教材《现代德育论》出版,明确提出"建设现代德育制度体系",强调德育制度对德育实践现代化的重要价值,认为"任何一种德育,都要根据一定的德育思想建立起一套实践体系,其核心就是德育制度"。"德育制度的现代化与德育思想的现代化比起来要更加艰巨",并指出"建立现代德育制度的问题到目前为止尚未引起研究者的足够重视"。② 至今,制度德育的研究也还只是少数学者的事情,制度德育的理念更没有成为普遍共识。

在实践方面,虽然有对德育内容、目标、教材、方法进行改革探索,但对德育制度、制度文化在学校德育实践中的作用没有得到应有重视,对现存的道德制度的科学合理性也缺乏审视与反思。

(2) 通过道德的制度培养道德的个人

道德的制度即制度德性,指的是制度是否符合道德性,以及符合道德性的程度。"人是在制度中生活的,社会制度对个人来讲是先在的,是一种必然。每个人首先是为社会所规定,然后才能去规定社会。如果制度结构不合理,制度本身就不道德,那么,一方面,要求个人作出道德行为,那是不道德的;另一方面,个人即使做到了'道德',也起不到多大社会作用,或者只能独善其身,或者助长这个社会的不道德。反之,如果一个社会制度本身设计合理,符合道德精神,一方面,它有'权'要求个体作出道德的行为;另一方面,它也有助于个体作出道德行为,并能对不道德行为进行有效控制。因此,制度德性比个人德性更具普遍性,制度德性是个体德性的基础和前提。"③

在我国校传统德育模式中,人们并不重视德育制度本身的道德性,通常是将已有的德育规范、德育制度看做是天然合理、公平公正的;即使在执行过程中发现不合理之处,也认为那是教育行政管理部门的事情,个人无能为力。根据杜时忠教授的研究认为,以往德育制度有三个缺陷:"它是单向

---

① 魏贤超:《现代德育原理》,浙江大学出版社1993年版,第112页。
② 班华主编:《现代德育论》,安徽人民出版社1996年版,第46—48页。
③ 杜时忠:《制度德性与制度德育》,《高教探索》2002年第4期,第12页。

的,因为学校制定德育规范与德育制度时,并没有征求学生意见";"它是错位的,因这它把重点放在纠正学生的'错误行为'即学生在日常生活中所形成却不受学校德育制度所欢迎行为,而不是放在养成积极健康的行为";"它是表面的,因为学校德育制度所强调的道德习惯和行为规范,以及所开展的训练活动是学校为完成上级部门布置任务而特地'创作'出来的,虽然计划周密,活动'丰富多彩',但它们只是学校的德育'工作',而不是学生的生活。老师为了完成任务不谓不努力、不辛苦,可学生并不领情,我们可以发现很多'吃亏不讨好'的德育计划与德育活动"。① 总之,我国学校传统德育制度还存在不少缺陷是个客观事实,而现代大学德育迫切需要制度伦理提供保证与支持,因此要围绕制度伦理化与伦理制度化的思路重构大学制度。综合国内学者的研究,主要有以下几个原则思路:一是在制度价值上要体现公平公正、以人为本;二是制度目标设计要合理可行;三是制度制定的过程要民主参与;四是制度建设要健全、完备,配套措施得力。

3. 大学制度是大学教育的腰杆子

以先进的办学理念设计的科学完善的大学制度,就是为规范和协调大学组织的各种行为而制定的与大学组织有关的社会成员共同遵守的规则。制度的确立,首先是维系大学的正常运行,同时也是实现大学办学理念的最根本的保障。可以认为,大学制度是大学教育的腰杆子。

第一,大学的教育事业靠制度维系。每一所大学从事的是一种叫做教育的事业,共同从事这一事业的包括管理者、教师、后勤服务人员等等相关人员众多,可以统称为大学教育团队。这个由众人组成的具有特定文化价值追求的队伍,如何分工合作、各部门成员的行为规范、各岗位的职责等等,都需要一系列具体的制度进行规范和维系。因此,没有大学的制度,就没有大学的教育事业;大学的制度不能发挥作用,大学的教育事业就不可能成功。

第二,大学生的教育管理靠制度维系。当今中国的大学,其规模多数都在万人以上,如此众多从五湖四海集中到一个学校求学,他们的学习、生活、

---

① 杜时忠:《制度德性与制度德育》,《高教探索》2002年第4期,第13页。

交往等所有的事情,不仅要安排妥当,而且要科学合理。这同样离不开各种具体完善的制度,一般集中体现在《大学生手册》等文件中,就德育来讲,集中在国家统一制定的《中国普通高等学校德育大纲》和《中共中央关于进一步加强和改进大学生思想政治教育的意见》等,当然具体到每一所学校,还制定有其自己的行为规范要求及管理条例等。同样也可以说,没有大学制度,就没有大学的教育和管理;大学的制度不能发挥作用,大学的教育和管理就不可能成功。

第三,大学办学的理念靠制度保障。如前所述,大学制度的设计以大学办学理念为指向,大学办学理念的实现则靠大学制度作保障。这就要求,大学的制度必须是严格地不折不扣地得到实行。如果大学制度不能完全执行,或者在执行过程中发生偏差,则整个大学教育出现偏差,大学的办学理念就无法实现。

事实上,大学的制度其实包括两套互动的制度系统:一是大学的基本制度,即国家所规定的普遍适用于所有大学的基本运行制度;二是我们重点提出的根据特定办学理念设计的具体的大学制度,两者辩证统一,共同发挥作用,从而实现国家教育方针及学校培养目标。在假设这一制度系统是科学合理的前提下,必须确保大学制度的严肃性,必须要求所有的大学人,要对大学的办学理念具有较完整全面的理解力、对大学制度具有强大有效的执行能力,才能保证实现大学的目标。

大学制度的作用,在理论逻辑上应该比较容易讲得清楚。但在现实实践中,有时很难落实到位。特别是近年来,我国几乎所有高校提出了"以生为本"的口号后,"大学应该怎么办"、"大学的制度如何发挥作用"、"大学如何守住自己的尊严"等等问题,好多大学是越来越搞不清楚了!"以生为本"是现代教育中一个非常正确的理念,因此容易使一些不懂教育或者对教育一知半解者的片面理解,将工作被动围着学生转,将学校变成保姆,自觉或不自觉地放弃学校在教育工作中的主导作用。教育以生为本,是教育"以人为本"的具体要求,是指教育工作的理念、方式方法,要遵循学生思想品德形成发展的规律,要照顾青年学生的特点,要尊重学生需要。在整个教育过程中,以生为本具有特定内涵及作用机制,必须科学地、准确地理解并有效应用于教育实践。首先,以生为本不能取代"以校为导",即不能取代学校要主导教育的发展价值和方向、构建教育的形成与作用机制、确定教育的基本实施办法。其次,以生为本不能取代"以师为范",即教师在日常的工作与生活实践中,以身作则,充分发挥人格及行为示范作用,促进学生健康成长。再次,以生为本是以全体学生的健康成长为本,不是一味迎合迁就部分学生不合理的需要及不正当的要求,更不能动摇大学规章制度的严肃性。

以下,我们用两个例子,分析说明我们应该如何"以生为本"。

实例分析:中国大学生该不该结婚?

2001年在教育部取消高校录取新生的年龄和婚姻限制后,"在校大学生可不可以结婚"的问题在高校中引起争论,赞同、反对声纷至沓来。由此,这一话题一度成为大家的讨论热点。有专门召开相关研讨会的,有组织辩论的,也有各种形式的调查等等不一而足。这一话题能够成为热门话题,本身就说明很多人甚至包括搞教育的人不懂教育。从大学教育内在规律和要求来讲,这个话题是个假命题,花费大量时间和资源去争论这个问题,并没有什么积极的价值。

作为大学,是要承担一个特定的教育目标的,具有一定的独立性和特殊性,也有人称之为大学的精神。大学主张什么、反对什么都必须旗帜鲜明、理直气壮!如此才能够有所特色并有所作为!大学的功能如果是面面俱到无所不包,大学就不能成为其大学!大学功能是为实现一定的目标服务的,所以绝大多数的大学历来都排斥与其目标不一致的功能诸如婚姻介绍功能(职业介绍功能也一样)等等,即不鼓励学生谈恋爱,更要禁止学生结婚。对于学生而言,你要选择到一所大学求学,你就得认可这个大学所主导的价值理念,就得遵守这个大学原定的制度,因此就得放弃一些权利包括法定权利如结婚权等等。两者只能选择其一,不可两全。因为从一般的规律看来,由于大学生经济不独立行为能力有限,再加上结婚后要承担更加重大的责任,在这样的情况下既要顾全家务事又要完成相关学业和成长目标基本上是不可能的。再者也不利于教学活动的正常开展,可以设想如果大学生今天去参加这个同学的婚礼明天又受邀请去喝另外一个同学小孩的满月酒,大学将是什么样子？所以对学生而言,你不选择到这个学校求学,无论你如何结婚,到哪里结婚大学都不会干涉,但你选择求学则不能结婚！学校的这些相关的规定是理所当然合情合理,反映大学教育本身的规律！

比较分析:哈佛该不该开除这个学生？

当年,哈佛牧师立遗嘱时,把他的一块地皮和250本书遗赠给当地的一所学院,这所学院发展成了现在的哈佛大学。哈佛学院一直把哈佛牧师的这批书珍藏在哈佛楼里的一个图书馆内,并规定学生只能在馆内阅读,不能携出馆外。1764年的一天深夜,一场大火烧毁了哈佛楼。在大火发生前,一名学生碰巧把哈佛牧师捐赠的一册名为《基督教针对魔鬼、世俗与肉欲的战争》的书带到了馆外打算在宿舍里悠哉游哉地阅读。第二天他得知大火的消息,意识到自己从图书馆携出的那本书,已是哈佛捐赠的250本书中唯一存世的孤本了。经过一番思想斗争后,他找到当时的校长,把书还给了学校。校长收下书,感谢了他,然后下令把他开除出校,理由是这名学生违犯了校规。不开除这名学生行吗？有人提出异议,毕竟是他使哈佛牧师的书总算留下了一本——这可能是我们的行事态度。但校长终于没有这样做。他感谢这位同学,是因为他诚实;开除他,是因为校规不可违。哈佛的理念是:让校规看守哈佛的一切,比让道德看守哈佛更完全有效。法理第一,这便是哈佛的行事态度。值得一提的是,哈佛大学作为当今闻名世界的顶尖的学府,有谁能说这个大学开除了一个看起来似乎还有功于学校的学生就不是"以生为本"了？

二、大学制度与学生道德价值观念生成

任何制度的建立都需要基础,而观念就是这个基础。但观念又是一个产生于制度的东西,不同的制度下会产生不同的观念。制度与观念,相互生成,辩证统一。大学制度对大学生道德价值观念的生成,发挥着相当重要的作用。

（一）大学制度是先在的和正义的

1. 大学制度是一种先设的制度存在

制度与观念，在人类历史发展中，孰先孰后，就如"先有鸡还是先有蛋"之争，很难讲清楚。但在特定时段和特定个案中，各有先后（即或者是制度在先，或者是观念在先）是清清楚楚的。就大学而言，大学是一种制度存在，是制度性组织。这种制度性是先于教育活动的，是大学道德教育的基础。也就是说，学生在进入大学之前已经存在大学制度，并且对每一届学生都是一样的。再具体到大学生的道德观念生成，自然也是先有大学的制度，然后在制度的作用下逐步形成大学生应当培养的道德价值观念。尽管影响道德价值观念的形成有多种因素，但制度无疑是其中重要的因素之一，自然也是一个值得我们研究的重要角度。

2. 大学制度是正义的、科学的

罗尔斯在《正义论》中提出"正义是社会制度的首要价值"，[①] 同理，正义也是大学制度的首要价值。大学制度的正义性主要首先体现在其理念是正确的先进的、是社会需要的，其次，当代大学的正义性还依附于政府及其正义性，也就是说大学的存在是合法的被准许的。这两方面是大学得到社会认可以及存在和发展的基础。通常情况下，大学制度是正义的或者是被认为是正义的。此外，大学制度还要有科学性，其正义性要与科学性相统一。因为正义性并不一定都代表科学性，反之科学性也不一定能代表正义性，因此要求两者统一。历史的经验也多次证明，代表正义的思想理念并不必然产生科学的制度，科学的制度也未必都服务于正义的价值与事业。

3. 大学制度对学生是强制性组织

"从社会学的观点看，学校首先是一种社会组织。这种组织对于学校教师与学生而言具有不同的性质，对教师是一种规范——功利性组织，而对

---

① 罗尔斯著，何怀宏、何包钢、廖申白译：《正义论》，中国社会科学出版社1988年版。

学生则是另一种规范——强制性组织。"①在大学制度的正义性及科学性没有问题的前提下,其强制性、严肃性是大学有效进行教育的重要基础。首先,教育是学养差异的产物。社会存在教育需求就是因为有差异,即教育者的道德修养与学识水平与被教育者存在各种差异,通常的情况是教育者更优。这种差异要求教育者必须主导教育及过程。大学就通过制度主导其教育,其制度的先在性就是强制性。从多年的实践看,大学制度对学生一直都是居高临下不容置疑的,虽然没有严格的法律约定,但学生在走入某一所大学之前,必须是无条件认可其制度。如果不认可这一制度或者是进去以后违反了这一制度,唯一的选择就只有不上大学或者离开大学。其次,教育是不对等的。所谓不对等就是教育者与被教育者的不对等,这种不对等表现为教育者的知识、经验、品格、修养等等都高于或优于被教育者,也正是如此才需要教育。学校则通过制度保障这种不对等,如规定时间、内容,并由规定的人(有资质的教师)来主导教学过程,因此在教育的过程中这种不平等或多或少也有些强制性,亦即必须强力引导被教育者往积极的方向发展,特别是在被教育者很不自觉的时候就更加明显。因此,我们在教育中所讲对等或者是平等通常仅仅指的是人格平等。我们始终认为,在教育的理念、制度、过程、方法的设计上,充分考虑学生的实际需要及与正义性、科学性、规律性相统一,就是"以生为本",教育"以生为本"任何时候都不意味着迁就学生个体甚至群体的不合理的要求及嗜好。

这里还必须说明,制度是死的,人是活的。再科学完善的制度更多的都是对一般对象普遍性的要求,而大学生的特点是千差万别的,同时社会也是在不断地发展变化的。因此,制度规制并不排斥基于完善制度本身的来自各个层面包括学生一切合理的要求与修正。

(二)大学制度内涵并规定学生道德观念的内容

大学德育是个客观存在,培养大学生正确的道德价值观念也是大学德育一个重要任务。虽然道德修养及道德教育是个连续的过程,但每个阶段

---

① 吴康宁:《教育社会学》,人民教育出版社1998年版。

一定有不同的特点。同理,从中学生转变为大学生,道德修养及道德教育的内容、目标、方式、方法必定是与中学阶段不同的。就道德价值观念的培养,当然也有新的要求。大学通常根据其办学理念确定其对学生的培养要求,办学理念反映在大学制度中并通过大学制度实现。"制度与伦理的关系是一种形与实的关系:制度是物化的伦理,伦理是制度的内核,两者无法剥离。"①

1. 大学制度总是内涵着大学的价值观,包括学生的道德价值观念

首先,大学制度内涵着大学的价值理想。大学价值理想就是大学所期望的价值目标或某种价值上追求的境界。一个制度体系实际是围绕某种价值理想实现的制度安排。"社会的根本制度内涵着该社会的根本的、总的价值理想与价值目标,而具体的制度也有自己具体的价值目标,这些具体的价值目标总是围绕总的价值理想而展开的。"②

其次,大学制度内涵着大学的价值规范,同样也包含对大学生的价值要求。规范,是社会制度的核心,它是人们为实现自己的理想,根据一定的观念制定的供一个社会群体共同遵循的行为规则、标准和尺度。规范总是与价值观联系在一起的:一方面,价值观是规范的调节体系,一切规范都能在价值观中找到基础。一个社会有什么样的价值观就会有什么样的社会规范;另一方面,规范是体现价值观的规则体系,是获得价值目标的手段。"一切价值体系都要通过规范'引申'为人们在某种情况中如何行动的规则,才能具体指导人们的行动,实现价值指导活动功能。价值观若没有通过规范即制度的认定,它就很可能不会对社会生活起到应有作用。"③因此,大学的规章制度对学生而言,就是价值规范,它内涵着价值观念、价值标准。学生从中学进入大学,首先是要进行校纪校规学习教育,有的学校还专门组织校纪校规考试。这一校纪校规的内容,就是学校教育理念的物化,也是大学生道德价值观念的培养要求。这种方法通常被叫做灌输式教育。然后就

---

① 檀传宝:《制度缺失与制度伦理——兼议道德制度建设》,《中国教育学刊》2005年第10期,第10页。
② 吴向东:《历史唯物主义视域中的制度与价值观》,《河北学刊》2005年第3期,第125页。
③ 吴向东:《历史唯物主义视域中的制度与价值观》,《河北学刊》2005年第3期,第126页。

是以一整套制度系统规范学生的行为、强化其道德价值观念,并贯穿于大学教育的整个过程。

2. 大学制度决定并导引大学生道德观念的价值与方向

首先,大学制度决定大学及大学生的价值观。大学及大学生的价值观,属于意识形态的范畴。根据唯物史观,价值观无疑根源于制度。"人们自觉或不自觉地,归根到底总是……从他们进行生产和交换的经济关系中,获得自己的伦理观念。"① "制度对于生活在该制度中的人来说,具有外在性,它为社会提供了现成的价值体系,规范引导社会生活的价值取向,成为价值观的直接来源。事实上,现实生活中的人们,总是必须首先接受社会制度所提供的价值观念。"②大学是传启文化、生产思想的重要场所,大学制度给大学生提供了现成的价值体系,规范引导大学生生活价值取向,是大学生价值观的直接来源。

其次,大学制度引导学生道德观念的价值和方向。大学的规章制度,本来就内涵大学的价值观,表现为一个个具体的规范。这些规范要求学生做什么、不做什么,本身就是一种具体的价值引导。这种引导主要表现在几个方面:一是从学校宏观层面的发展价值,包括大学的追求、理想和目标。制度对大学发展价值的引导,有利于学生了解大学的文化价值、并将个人的发展价值与大学的发展价值统一起来,促进其成长成才。二是院系层面的文化理念及培养目标。高等学校的院系承担着人才培养的具体任务,也都各有其文化价值追求及专业特点,为了实现这些目标,各院系自然也制定一些内涵其价值观的规范和要求,引导学生形成特定专业人格及发展价值。三是学习及生活引导。这种引导更加突出、更为普遍。每一个与学习生活有关的具体规范,都内涵着培养大学生道德价值观念的具体要求,学生自觉践行这些规范就是不断地培养着相关道德价值观念。

3. 保障并巩固大学生树立的价值观

价值观形成于制度等多种因素,而价值观并非一成不变,要保障并巩固

---

① 《马克思恩格斯选集》第 3 卷,人民出版社 1995 年版,第 434 页。
② 吴向东:《历史唯物主义视域中的制度与价值观》,《河北学刊》2005 年第 3 期,第 126 页。

业已形成的价值观,同样依靠制度。大学制度保障并巩固大学生的价值观有多种作用机制。

第一,大学生价值观念的维护。大学本身是一个功能齐全的"小社会",维系这个"小社会"正常运转的是一个由各种规章制度组成的庞大的制度系统,表现在大学生学习、生活、交往等等各个方面,有些是关联的,有些并不关联,不仅保证正常的秩序,而且共同维护我们所倡导的大学价值理念。应该说,现代大学基本上没有管理上的真空地带,大学生道德观念的维护一般只需要与各种管理职能和管理制度结合起来共同实施,效果就非常明显。例如我们强调的要遵守社会公共秩序,就可以通过各种有效的管理或服务制度进行维护。去过银行办事的人都有体会,以前的银行服务比较粗糙,插队现象普遍,大家都反感甚至深恶痛绝但又无可奈何。现在有些银行改进了服务方式,如拉条线将排队人群规范起来,插队现象就少了好多;有的银行还专门在门口摆放一个抽号机(按序号排队),顾客一进门就有专门服务员引导抽号,抽完号的顾客可以坐到一边休息,银行则按序号专门用广播提示相关顾客去办理业务,既体现以人为本的思想,又从根本杜绝了插队现象,秩序井然。这就是一个非常简单的制度对社会公德价值维护作用的过程及机制。我们可以设想,如果大学所有承担服务或管理功能的机构、部门,都能够结合自己的业务制定一套科学的制度并都能够落到实处,则整个大学的价值包括学生的道德价值观念就会得到有效维护。

第二,监督作用及机制。通常情况下,道德及其观念主要是靠自身的修养及社会舆论作用确立而不是靠强制力保证实施。大学的制度,虽然对大学生具有某种强制性特点,但其作用过程还是以舆论及监督为主,对于自己自觉修养并业已形成符合大学道德价值要求的学生,制度存在不存在是一样的,而大学制度对学生道德观念形成的监督作用则是一种客观的存在。制度的监督有制度本身的作用,也有外部的作用特别是大学媒体作用非常突出。大学的媒体包校报、广播、宣传栏、学校网站、校园 BBS、标语、学生社团刊物等,对制度的监督以至形成大学生道德价值观念具有重要作用。大学的价值追求及校园人群结构等特点,使建立起一个覆盖整个大学校园的全方位的监督制度体系成为可能,也更有利于全方位培养并形成正确的道德价值观念。校园各种媒体一方面要营造良好的校园文化氛围,把握并引导正确的校园舆论及价值导向,另一方面是发挥监督作用。大学也可以参照社会上有些媒体设立的曝光台、监督岗等等栏目或者频道,弘扬正气,监督不正之风,效果一定非常明显。同时,要尽可能加大校园媒体覆盖范围,逐步形成具有主导性意义的强大的监督力量。现在社会上好多的媒体热衷于爆炒所谓的"超女"、"猛男"、"××之星"之类的东西,其所引导的并不见得是积极健康的价值,这样的媒体没有起到公共媒体弘扬社会正气和培育时代精神的作用。这种情况也在一定程度上影响到大学校园,如校园媒体过度渲染一些社团开展的比如"光棍节"、"愚人节"等等活动,也都不是很积极和正面的。尽管当今社会及价值是多元的,但社会以至于一个具体的部门,都必须建立自己的核心价值观。因此,大学的活动必然也要体现大学的精神及其核心价值。

第三,奖励与惩罚的作用机制。从价值层面上说,大家都遵守学校规章制度,共同维护学校公共秩序并营造良好的校园文化,是一种对每个人有好处的具有多方共赢的意义;反之如果有人违反规章制度,自然就会对他人及社会造成消极影响。因此,大学就需要通过已经建立起来的奖惩制度及其作用以保障其主导的价值:即对一贯模范遵守学校规章制度者给予相应的奖励,而对违反学校规章制度者要进行应有的惩罚。一般来说,我国高校都建立有这样的制度系统,有的已经比较完善,有的可能还需要进一步完善。现在我国高校最关键的问题是如何真正落实这些制度。通常情况下,奖励制度落实得都比较好,相对而言惩罚制度有打折扣的地方;一时一刻坚持没有问题,始终如一严格执行有些困难。特别是这些年来几乎所有高校对内对外的宣传中明确强调要"以生为本",事实上好多学校没有能够真正把握"以生为本"的基本精神,片面地将工作围着学生转,好多原有的比较成熟的制度受到不同程度的破坏。也有些制度已经名存实亡,也影响了制度对大学生价值观念的保障与巩固功能。这个道理其实并不复杂,因为只有严格的作息制度,才能逐步培养学生的时间观念;只有严格执行各种纪律,才会逐步培养学生的纪律观念;也只有真正有效实施各种奖惩制度,才能逐步培养学生的荣辱观念……规章制度落实不到位或者没有科学及稳定性,培养学生正确的价值观念有如痴人说梦。当下,人们对大学生思想品德及业务水平的评价不是很高,或许也有学生的因素,但与我们一些高校不能挺起腰杆子办教育、不能真正将自己建立起来的各种规章制度落到实处不可能没有关系。

新加坡南洋理工大学的陈抗教授曾指出,人主要分为两大类:一是"规范使用者",他们是按照规则行事,属于"以德报德、以怨报怨"的类型,这类人占70%左右;二是理性利己主义者,完全为了自己,这类人占30%左右。规范使用者又分为两种:一种是"条件合作者",他们是那种只要有一定的互惠利益就可以进行合作的人;另一种是"志愿惩罚者",他们对于搭便车者深恶痛绝,只要有可能,他们就会自发地对于搭便车者进行惩罚。在我们的现实生活中,缺乏的正是社会公德的坚定维护者、敏锐的监督者和侠义的"志愿惩罚者"。这些主体的缺位使遵守社会公德的人得不到激励,使破坏社会公德的人得不到惩处,于是大家对社会公德就视而不见,想遵守就遵守,想不遵守就不遵守。显然,这对大学如何通过制度培养大学生道德价值观念是有启示的。

三、大学制度与学生道德习惯养成

相对于观念而言,制度与习惯之间的关系就更为简单和直接。大学制度在规范大学所有的行为方式之同时,其有效运行对培养大学生良好道德行为习惯有重要作用。

(一)制度与习惯

任何制度都旨在规范人们的行为,当人们的行为始终符合制度的规范,就是习惯。通过制度规制,各种社会性的习惯将会逐步形成;某种社会习惯一旦形成,与其相关的制度作用反而逐步减弱。因此,制度与习惯关系紧密。使制度成为习惯的过程通常有一个过程模式:制度制定——行为转变——习惯养成。

1. 制度制定

制度是约束和规范个人行为的各种规则和约束。每一种制度,其制定与完善,都是为了某种社会管理的目的。这种目的有两个层面:一是制度所追求的社会价值;二是与此价值相关的对个人的行为要求,两者辩证统一。随着社会的发展和进步,各种各样的制度层出不穷,当代人必然生活在一个庞大的制度系统之中,无人可以例外。一种制度制定并形成,就是要倡导一种新的价值观念及行为方式;制度不断完善就是对某种价值观念和行为方式的进一步完善及优化;制度的执行就是强化某种价值观念及行为习惯的形成。

2. 行为转变

制度促成行为转变,通常有几种形式:其一,新的制度促成新的生活习惯及行为方式,如深刻的社会变革或社会革命等,新制度引导并促进人们思想行为等全方位的变化,这种转变是深刻的全局的具有重大历史意义的,当然这种意义有时候可能不全是正面的。其二,从一个制度环境转到新的制度环境必需的行为方式和生活习惯的转变。这种情况是普遍存在的,在国内常见的升学、就业、调动等或短期的旅游等都会涉及到这个问题,对每个对象而言,不论是主动的还是被动的,都必须适应并服从于新的制度环境,否则将寸步难行。从更大的范围看,如果表现在国家间制度变化则更加明显,不论是移民、求学、访问、旅游,在新的制度环境中必须转变行为方式,甚至逐步会转变价值观念。其三,制度的完善过程带来的必需的转变。在社会生活中,这种情况则更加普遍。按照制度经济学的观点,任何的制度都是不完全的:一方面是制度中的人只有有限理性;另一方面是无法验证。因此,制度的不断完善是个必需的、绝对的过程。而制度每一个完善的过程,都对人们提出观念及行为转变的要求,因为每一个制度都是与由人构成的社会有关,自然与社会中的人有关。西方有一句谚语说:如果真有天堂和地狱的话,天堂的制度一定比地狱更多。

3. 习惯养成

"所谓习惯,是指因不断重复以至于形成固定化行为方式,也就是现代心理学所说的动力定型。"① 一般情况下，人的习惯有以下特性：一是自动性，即可以不经过思考对有关刺激自动作出迅速反应，如果与理智相比，习惯的力量常常大于理智；二是长期性，即习惯的养成需要一个长期的过程，培养一个好的习惯和矫正一个坏的习惯都需要经过一个长期努力的过程；三是双重性，即习惯的积极性和消极性，也可以叫"好习惯"和"坏习惯"，其对主体的作用也是一样的。俄国教育家乌申斯基形象地说，好习惯"乃是人在神经系统中存放的资本，这个资本不断地增值，而人有整个一生中就享受着它的利息"；坏习惯"是道德上无法偿清的债务，这种债务能够利用不断增长的利息去折磨人，去麻痹他最好的创举，并使他达到道德破产的地步"。美国心理学巨匠威廉·詹姆斯也有一段对习惯的经典注释："种下一个行动，收获一种行为；种下一种行为，收获一种习惯；种下一种习惯，收获一种性格；种下一种性格，收获一种命运。"

　　个人习惯的形成虽然有个人修养的因素，但从社会公共意义上讲，人们公共生活的习惯的形成主要还是靠制度。习惯的形成不仅可以节省人在脑力和体力上的消耗而提高功效，而且还大幅度提高制度的效率。由于制度的作用养成习惯，便是实现制度的价值。制度成为习惯的过程，本质上就是与旧的不好的习惯的一种斗争。好的制度的出发点往往是高度"利他"的，是一种承诺和契约，是大多数人普遍认可并遵循的一个平台。依托于制度，可以最大限度保证一个组织或集体运营的效果和效率，但有可能不得不牺牲部分人的利益或自由。当好的制度成为习惯，人们不会感到太多的恐惧和不安，而是感到自由与和谐。

（二）大学制度与学生道德习惯的培养

　　从中学到大学，学生实际上就是走进了一个新的制度环境。对学生来说，不论是自觉还是不自觉，主动适应还是被动适应，大学先在的制度一定会从学习、生活各个方面有目的有计划地塑造每一位大学生的品格。可以

---

① 王金剑：《浅议大学生行为习惯的培养》，《山东省青年管理干部学院学报》2001年第3期，第59页。

说,大学生道德行为习惯的形成,大学制度的规制作用是最主要的和最根本的,影响大学生成长成才的方方面面。

1. 大学制度规制大学生良好的生活习惯

按照我国的学制,我国的学生通常是18岁上大学,这里有两层意义:其一,大学生从法律上已经是成年人了,具有完全的行为能力并可以独立地管理及决定自己的事情了;其二,大学生离开父母亲人,进入大学学习,也必须学会独立生活。然而,大学生所谓的独立是相对的,实际的情况是独立于父母而适应于学校,特别是学校的各种规章制度。每一位学生要进入大学学习,对学校制度的认可与服从是一个先决条件。因此,从学生主观能动的角度讲,学生要主动适应全新的大学生活,从学校的规章制度来讲,就是要规制大学生生活并使其养成良好习惯。大学生的生活习惯是方方面面的,大学制度对大学生生活习惯产生决定性影响的有几个方面。

(1)大学作息制度影响并决定大学生作息习惯。大学作息制度规定了学生学习的时间、休息的时间、活动的时间,这是学生必须适应而且必须培养的习惯。作息制度对学生的影响是最根本的和最全面的,学生由于特别的原因如生病、节庆、假日等不需要执行这个制度外,整个大学阶段必须执行已经定好的作息制度。尽管好多的学生经过一定时间后并不感觉到这个制度的存在,但实际上这些学生已经不知不觉中培养了这样的习惯。

(2)大学宿舍管理制度规范并形成大学生的内务生活习惯。我国大学生通常都是集中统一住宿统一管理,学生在宿舍(公寓)的卫生习惯、用水用电要求、物品使用等等都有具体的管理规定,也是对大学生行为规范的具体要求。这种管理规范学生也是必须服从的,如果不服从就很难在这个群体中生活。大学全宿舍管理制度与其说是规范学生宿舍生活方式,不如说这是保证集体生活正常秩序的必然选择。作为具有相当理性能力的大学生,大多数还是理解并认可这些管理制度并逐步培养这些良好的行为习惯。

(3)食堂管理制度规范并培养学生饮食生活习惯。我国大学生的伙食一般也是由学校统一供应,在食堂公共饮食生活中也涉及多种规范,如按照顺序排队、剩饭菜处理、餐具回收方法等,这些规范也就是要求学生培养的良好习惯。大学生天天面对这些事情,天天这样做,日复一日,也就养成习惯了。

　　从具体操作讲,大学生要努力培养以下几个良好的生活习惯,并防止不良生活习惯的形成。第一,要合理地安排作息时间,形成良好的作息制度。因为有规律的生活能使大脑和神经系统的兴奋和抑制交替进行,天长日久,能在大脑皮层上形成动力定型,这对促进身心健康是非常有利的。大学生应养成早睡早起的习惯,克服晚上卧谈习惯。研究表明,大学生的睡眠时间一般每天不得少于7个小时。如果条件许可,午饭后可以小睡一会儿,但最好不要超过40分钟。第二,要进行适当的体育锻炼和文娱活动。"文武之道,一张一弛",学习之余参加一些文体活动,不但可以缓解刻板紧张的生活,还可以放松心情、增加生活乐趣,反而有助于提高学习效率。听音乐、跑步、做广播体操、踢足球等等都有助于增强体质,提高对疾病的抵抗力,这是一种积极的休息。实践证明:$7+1>8$。在这里,$7+1$表示7个小时的学习加上1个小时的体育文娱活动,8表示8个小时的连续学习。也就是说,参加体育活动的7个小时学习比不参加体育活动的8个小时学习效果要好。第三,要保证合理的营养供应,养成良好的饮食习惯。大学"饮食不良"现象主要表现在两个方面:一是饮食不规律,有些人早晨起床较晚,来不及吃早饭便去上课,有的索性取消了早饭,有的则在课间饿的时候随便吃些零食;二是暴饮暴食。学生们主要在食堂就餐,但食堂的就餐时间比较固定,常有学生由于学习或其他原因错过了开饭时间,于是就吃点饼干、方便面来对付,等下一顿吃饭时再吃双份。营养学家们的研究证明:早餐吃饱、吃好,对维持血糖水平是很必要的;用餐时不能挑食偏食,要加强全面营养,还要多吃水果和蔬菜。第四,要改正或防止吸烟、酗酒、沉溺于电子游戏等不良的生活习惯。

　　上面我们只是分析大学制度对大学生生活习惯影响的几个作用过程及大学生需要培养的几个主要生活习惯,除此之外大学生要培养的生活习惯还有多方面,如个人卫生、消费习惯等等。更值得一提的是,培养这些习惯的过程也是培养大学生心智、品格、意志的过程,如学生严格遵守学校作息制度,养成每天都能够准时早起锻炼,就是培养个人优良的品格、顽强的意志的过程,持之以恒,就会培养了这些品格意志。

2. 大学制度规制大学生良好的学习习惯

大学生主要任务是求学,学习是大学生活的首要任务。大学与中学完全不同的学习特点,更要求大学生培养良好的学习习惯。通过大学成文的或者不成文但一代代传承的制度的规制作用,一般要培养大学生如下几个学习习惯。

(1)培养自主性学习的习惯。相对而言,在中学阶段的学习"应试"的成分比较多,教师的教育辅导细致入微。而大学学习不再以"应试"为主,增添更多的课程及内容,教师的讲授也比较宏观的粗线条式的,学生在大学阶段的学习要求有更大自主性。大学生自主学习习惯有多个方面:一是合理分配每天学习任务。把自己的学习任务分解成每天能够完成的单元,并坚持当天的任务当天完成,无论如何不能给自己以任何借口。二是合理规划每天的时间。把必须完成的工作尽可能安排在工作时间内完成,把既定的学习时间保留出来,养成利用每天的零星时间学习的习惯。三是按照既定的时间表行事。学习时间表可以帮助你克服惰性,使你能够按部就班、循序渐进地完成学习任务,而不会有太大的压力。四是及时复习。为了使学习有成效,应该养成及时复习的习惯。研究表明,及时复习可以巩固所学的知识,防止遗忘。五是向自己提问。不时地向自己询问"是什么"、"为什么"、"怎样做"等问题,是集中注意力,激发学习兴趣和发现薄弱环节的好方法。六是向他人提问。在学习中碰到疑难问题,要及时向教师和同学请教,无论你认为自己的问题是多么简单、多么微不足道。七是养成做笔记的习惯。做笔记既可以帮助你集中精力思考和总结、归纳问题,加深对学习内容的理解和记忆,又可以把学习内容中的重要记录下来,便于以后查阅和复习。这些自主学习习惯的培养,各大学并不一定有统一的成文的制度,但通常以教师及学长言传身教的形式代代相传,实际上也是大学制度的客观存在和实际内容。

(2)培养探索性学习的习惯。有人说:在中学阶段,学生伏案学习;在大学里,他们应该站立起来,四面瞭望。这是讲大学生学习的另外一个特点,即学会探索性学习,也有叫探究式学习或创造性学习的。大学是学习的地方,也是创造思想和文化的圣地。众多专家学者在大学校园中教书育人、研究探索、著书立说，是我们青年学子学习及创造的非常优越的条件。因此，青年大学生不能仅仅满足于做既有知识的"容器"，更要在创造人类精神财富上有所作为。这就要培养探索性、创造性学习的习惯。创造无非是给人类提供新的东西，也是人类的本质特征之一，当人类生产出第一件敲打石器时，就是创造。因此，人人都可以创造。大学生培养创造性学习习惯，首先是要培养创造的意识，要敢于怀疑敢于提问，始终对新的事物新的思想观念一往无前的追求，就容易引发创造动机，进入创造情境。其次，在学习中还要培养几个习惯：包括创造性读书、创造性听课、创造性解题、创造性实习、创造性研究等，不断努力，慢慢就会有所成就。再次，创造性学习习惯的培养，还要向老师及同学学习，特别是向具有创造能力与精神的教师和学长学习，可以减少好多弯路。从历史的经验来看，学生在大学期间努力创造是大有可为的。牛顿的三项伟大科学成果：微积分、万有引力、二项式定理大部分都在大学时期作出的；威廉·汤姆生18岁在剑桥大学写出了杰出的热力学论文；达尔文17岁在爱丁堡大学学习期间对两种水生物进行研究，有所发现；马克思在大学里"几乎每星期都在创立新体系和摧毁旧体系"；恩格斯在柏林大学旁听期间，就敢于向谢林的"天启哲学"发起猛烈进攻。我国文学家鲁迅和郭沫若、美学家朱光潜、剧作家曹禺、画家华君武，也都在大学期间有所创造。就是今天的在校大学生，也有经过自己的努力，发明创造、发表论文的。

（3）培养认真严谨的治学习惯。治学习惯也叫治学态度或治学精神，认真、严谨是读书人必须培养的一种品格。这种治学精神的培养也通过两个途径：一是大学成文的制度规制，如学生考试管理规定、毕业论文（设计）要求等等，都有诸如"独立思考"、"不准作弊"、"不准抄袭"等明确要求，引导并培养学生严谨认真的治学态度；二是不成文的习惯或制度的影响，同样包括教师的言传身教，学生的自我修养等等。当然，学生简单的不作弊、不抄袭并不代表已经培养了认真严谨的治学精神，而认真严谨的治学精神一定是包含不作弊、不抄袭等内容要求。大学治学精神是一种境界，需要长期的培养和修炼才会逐步形成。实际上，做学问也是做人，做人也做学问，两者道理共通。因此培养严谨认真的治学精神，对大学生个人发展、学业进步具有重要影响。

以上所论,也只涉及大学生学习习惯的主要方面,从具体操作与要求讲,我们还列举以下学习类相关的八个习惯,是大学生必须逐步培养起来的:第一,认真做好课前准备。桌面、桌斗内物品摆放整齐,有序。第二,写字姿势正确,写字干净不涂抹。第三,临睡前准备好第二天上学的学习用品。第四,按时到校,不迟到,不早退,不逃学,有病有事要请假。第五,上课专心听讲,勤于思考,积极参加讨论,勇于发表见解。第六,课后按时作业,认真细心,独立完成,有错纠正。第七,认真做好课堂笔记,并及时整理、复习总结。第八,多看书报,积极参加有益的课外活动。当然,这些习惯看起来比较简单,有些是中学的时候可能已经培养了的,但真正都能养成这些习惯并不容易。一方面,要严格按照学校相关要求去做;另一方面严格要求自己,慢慢培养起来。总之,原来没有培养起来的习惯都要逐步培养起来,已经培养起来的习惯要进一步巩固它。

3. 大学制度规制大学生良好的交往习惯

大学生交往,也是大学生活一个重要组成部分。交往包括与老师交往、与同学交往、与学校相关管理服务人员交往等等。交往习惯反映一个人的品格和修养,培养良好的交往习惯也是大学生道德修养的重要内容。当代大学生交往的内容和范围通常都比较广泛,大学制度虽然不能面面俱到地引导和规范,但却集中关注了与大学生成长成才关系最密切的交往行为与活动,包括尊重、诚信、守时等。

(1)尊重。尊重是人际交往的重要品格和原则,尊重他人无疑也是大学生必须培养的交往习惯。培养大学生尊重他人的习惯,有制度因素作用,也有非制度因素的作用。一般来说,学生尊重教师,有不少可操作性制度的规范及作用;学生与学生关系,《学生手册》中也有文字上的要求,但操作性相对差些;另外还有不成文的制度及大学生行为方式的惯性作用等。培养尊师重道的习惯,比较集中在课堂教学的各种礼仪中,如课前起立、迟到报告、发言要举手等已经实施多年的制度化的课堂礼仪,就是培养学生尊师的观念及习惯。学生之间的人际交往习惯,通常是由班主任、辅导员进行教育引导,班主任、辅导员本身就是大学的一种制度,其主要作用方式是以教育、说服、引导为主,没有如"课堂起立"之类的固化的仪式。当然,有各种固化的礼仪或者硬性的制度并不代表培养大学生"尊重"的品格与习惯,但这毕竟是各种综合因素中同样发挥重要作用的方式之一。

(2)诚信。诚信是规范个人与个人、个人与社会之间相互关系的道德品质和行为准则。信用乃立身之本,俗话说:"人无信不立,国无信不国。"诚信,是中华民族的传统美德,应该成为普遍的国民意识与习惯。依此而论,大学生是青年人中的最优秀群体,在这个做人的基本的道德问题上应该是没有什么问题的。但现实却令人堪忧,大学生不诚信已经成为大学中比较突出的问题,根据国内相关调查主要表现在四个方面:一是考试作弊,抄袭成风;二是求职履历,造假失信;三是助学贷款,信用堪忧;四是弄虚作假,拖欠学费。针对这样的现状,各高校这些年来在加强诚信建设方面,制定了不少制度并采取了许多措施,包括:为诚信建档,建立个人诚信管理机制;严格考试纪律,防止学生考试作弊,对于作弊的学生要按照学校规定处理;对于抄袭作业、论文的同学也要及时批评、教育;开展各种诚信教育及实践活动等等。说实在话,高等学校为了"学生诚信"这样的一个简单的基本的道德问题,如此劳资动众、耗费宝贵资源,本身就是不正常,但问题过于严重,是不得已为之。这些"不得已"的措施和办法,有之好过没有之,做之好过没做之,一定也会有作用的,目的当然是要培养学生诚信的品格及习惯。

(3)守时。守时的习惯是当代人生活中的重要品格,不仅反映一个人的修养,而且可以整体提高社会效率。在国外,有"守时就是帝王的礼貌"的说法,如果预约了时间,必须准时到,早到和迟到都是不礼貌的。相对而言,中国人的时间观念差一些,这种民族性的问题在大学生身上也有一定程度的反映。随着经济发展与社会进步,人们生活的内容越来越丰富。科学安排好自己的时间、准时有序参与各种社会活动显得更为重要。我国大学培养大学生守时习惯,主要是以各种形式的纪律约束。最为严格的是课堂时间纪律约束,要求学生不能迟到,迟到要课以惩罚。其次是各种集会(包括出操、班系务会议、学生社团会议等),也都要求准时出席。还有宿舍管理制度中也有按时休息、不能晚归等规定。这种长期纪律约束,对培养大学生守时习惯是有作用的。

如前所论,大学生的交往习惯内容丰富、表现多样。大学制度不可能全面引导与规范,但如果能够有效培养大学生尊重、诚信、守时这几个根本的起决定作用的习惯和品格,那就达到了预期的教育效果。

根据美国科学家的研究,一个好习惯的养成为21天,90天的重复会形成稳定的习惯。同样,一个观念,如果被别人或自己验证了21次以上,它一定会形成你的信念。

其实要适应大学生活,改掉你的一个坏习惯,养成一个好习惯,不是一件很困难的事情,根据人们的总结大抵需要这样几个程序:第一,一个星期的不习惯不自然,在这个星期里,你时刻注意着自己的行为,是否符合要求,要不停地提醒自己需要改变坏习惯,养成好习惯;第二,接下来三个星期是不习惯已自然,在这段时间里,你不一定要时刻来提醒自己,只要隔三差五地检查自己就可以了,但是,这个期间很容易半途而废的,所以,也相当的关键,一旦发现有什么偏题就需要及时让自己归位哦!第三,90天的已习惯已自然,在这段期间你也需要偶尔地检查自己的习惯,但是只要前两个期间做得好,这个期间就轻松多了;第四,在你经常看得到地方写上标签,提醒自己正在改变习惯,这样,一来可以时刻提醒自己,二来,也起到一个加深印象的作用!第五,不要心急,不要希望自己一下子能改变很多习惯,变得很完美,这样你将什么习惯都改不了,一个一个来,将你需要改变的坏习惯都记录下来,由重次轻的改变习惯;第六,立即行动,你将会慢慢的变成一个完美的人了!

(三)大学制度及其危机问题

制度危机有多种说法:制度失去伦理性、合法性就是危机;制度名存实亡失去了执行力也是危机;制度不能完全按照其设计理念运行、落实不到位同样也是危机。虽然很多人不承认大学有制度危机,但近年来媒体也时有触及,一般所指就是"行政化"、"市场化"、"产业化"等问题,也不能说没有一点道理。事实上,大学如果有"制度危机",主要指向两个方面:一是大学本身运作制度危机;二是大学原有的针对学生的管理制度危机。我们这里主要是结合实际,就大学原有的针对学生的管理制度存在的一些危机作些分析。

1. 大学管理制度价值危机

大学制度的价值危机表现在多方面,管理制度的危机是其中一个方面。管理制度价值危机也有多种情况:一是管理制度"改革"的危机。即在改革的年代,大学的管理制度也在这样的背景下追赶时髦,经常"改革"、年年"改革",甚至为了改革而改革。大学没有改革不行,那样就会过于保守,但过多的改革对大学同样并不是什么好事。"凡成功的大学绝对不是改革多的大学,更不是为了改革而改革","而是注重传统,强调稳定,尊重大学内在逻辑的大学"。① 二是管理制度"理念"危机。管理制度理念危机,通常是理念不清晰、立场有摆动等问题。特别是近年来提出"以生为本"的口号之后,有些人对大学长期以来严格管理学生的传统产生怀疑而不愿也不敢严格管理,甚至还处处迁就学生,这是对"以生为本"理念的简单的误读,"要不要严格管理"的争论在大学时有发生。三是管理制度的"合法性"危机。我国传统高校都是公办高校,免除所有学杂费,接受高等教育完全是一种福利。学校也凭此地位及其特殊性,理直气壮地按照其原有制度对学生进行管理,也不会有任何怨言。如今,我国大多数高校虽然也是公办的,但高等教育产业化后,学生也必须缴纳一笔不小的费用上大学,高等教育因此也带有商品与服务的烙印,社会、家长、学生甚至大学也认为大学是商品及服务交易。传统的单向性的管理模式出现危机,家长及学生也因为是作为教育商品与服务的购买方理直气壮地与学校谈判,并对学校的管理制度提出各种各样的要求,甚至因一些不合理的要求而导致的管理制度危机。

2. 大学管理制度执行危机

相对而言,大学管理制度的执行危机更为显性。主要表现为制度荒废和制度执行不力。

(1)制度荒废。制度荒废就是指大学原有的名义上还存在的一些管理制度不再执行,以致荒废。这种情况在我国高校还比较普遍,如早晨出操是我国大学一项重要的制度,没有哪所大学出台过文件明确说要取消,但能够

---

① 王建华:《现代大学危机与超越》,《高教探索》2008年第5期,第30页。

坚持下来者却寥寥无几。我们无意考察大学出操制度的起源及在国外的现状，但早期在我国大学普遍推行的出操制度，不仅是大学文化的重要组成部分，而且对增强学生体质、培养学生团队意识、锻炼学生意志力等方面具有重要作用。平心而论，这是一个非常好的制度。其逐步荒废是个客观现实，至今大概还没有总结出能够摆得上台面的理由。有因为扩招致使场地不足者；也有学生管理部门及队伍借势不作为者，因为出操需要相当数量的学生管理人员组织动员及监督管理，现在大学学生管理队伍的一线贴身管理的形式基本上都退到了在办公室等待的形式。此外，我国高校还有一项很重要的制度，即课堂礼仪制度也在逐渐荒废。课堂礼仪制度是指课堂教学过程中需要实施各种的礼仪的制度。课堂礼仪其实非常简单，如课前起立礼就是每次上课前，学生由班干部喊口令并全体起立，教师还礼后学生坐下才开始上课。一方面整肃课前纪律的需要；另一方面这也是尊师重道之重要形式，更是我国高校一项重要传统。此外还有迟到要报告、发言要举手等基本礼仪。根据不完全的调查，目前有相当部分高校已经不再坚持这些课堂礼仪，使这一制度名存实亡。除出操制度及课堂礼仪制度外，我国高校也还有不少具体的管理制度正在或者逐步荒废。

（2）制度执行不力。制度执行不力介于制度荒废与制度有效存续之间，即制度执行不彻底、不到位、打折扣等。制度执行不力，在各种领域中都存在。在高等学校中，制度执行不力表现在多方面，如宿舍管理制度执行不力，教学管理制度执行不力，考试管理制度执行不力等。具体可以举几例：第一，宿舍管理方面。高校禁止学生晚归等通常很难完全做到。第二，学生课堂考勤制度。如果没有自觉性就很难有操作性，现在大班上课教师不可能每次课都点名，就是课前点名课间逃也是没有办法。负责考勤的学生一方面和老师一样，上课时间不可能有很多精力专门考勤，就是有时间也知道哪些同学没有来，一般也担心得罪同学不敢严格考勤。所以，明明都有不少人缺课报到院系结果都是满勤。第三，考试管理制度也有执行不力的地方。在大学生中各人天赋不同、付出的努力也不一样，考试成绩有差异也是必然的。所以大学各科考试中，有相当部分的同学挂科（注：指考试不及格）。尽管有多次补考机会还是有同学不过，特别是以思政课、英语、计算机等课程尤其严重。如果严格按照学校之考试及学生培养要求办,每所高校每年有不少同学因为课程成绩不能毕业是很正常的,这在国外也是普遍现象,但我国高校绝少有课程成绩不合格而不能毕业者。当然这些问题很难找到放在台面的根据,多是校方为了"和谐"、"顺利"等潜规则而已。

制度执行不力也有多种原因,主要有两方面:一是学生"倒逼",法不责众。高等教育产业化、教育"以生为本"等概念提出后,教育被片面理解为商品与服务,很多家长和学生都理所当然地认为自己是花钱买的文凭,因此花了钱得不到文凭就找学校麻烦。二是学校无奈,委曲求全。也是由于上面原因,学校办学靠招生,能否招到学生决定学校生存与发展的致命问题。一者高等教育大众化后不可能都招到尖子生,降低培养要求是必然;二者如果有大量学生由于管理原因离校或不能毕业,学校声誉受损日子难以为继也是个天大事情;再者委曲求全和稀泥还可以避免学生及家长找学校麻烦而乐得轻松。

(3)制度功能异化。制度功能的异化一般是指制度的管理及教育培养功能发生异化,这与大学功能的异化有关系。大学从本原上讲是一个纯粹的教育机构,但大学在发展过程中,特别是中国的大学被赋予更多本来与大学无关的功能:如政府的民政功能,负责贫困学生的救济问题;本来也不应该由大学来承担的大学生就业问题也由大学来承担;现在我国各大学都必须甚至刻意拿出大量的勤工俭学岗位,以解决贫困大学生顺利上学的问题……如此,本来有一个管理教育培养人的制度及团队都围绕着与其大学派生的功能运转,自然会弱化原有功能。如高校学生辅导员等学生工作队伍,以前甚至与学生住在一起,天天贴身管理及教育,如今大多都退守办公室,为学生办理助学金、为学生争取勤工俭学岗位等具有"政府"性质的业务,从而荒废了"教育"这个主业,当然也影响原有大学制度的有效执行。

稳定的、科学的、可操作的大学管理制度,对培养大学生良好的道德行为习惯具有非常重要的意义。而制度一旦出现危机,其原有功能就难以实现或只能部分实现。大学管理制度出现的各种危机,势必影响大学生道德养成。面对我国大学制度的危机,我们可以采取的比较理性的办法不一定是打破重建,而是根据以上所分析的实际问题对症下药,使一套科学的有效的制度真正守护大学的价值。

四、书院制——传统大学制度的回归？

书院是我国封建社会后期兴起的一种特殊形式的教育机构。它萌芽于唐末五代,兴盛于宋、明,普及于清代,在清末被改为学堂。书院在中国历史上延续了千年之久,为我国古代教育的发展和学术的繁荣作出了重要的贡献。国外也有相类似的书院及制度,我国香港中文大学的书院比较成熟。有意思的是,这些年来书院制重新出现在我国高校,如西安交通大学、复旦大学、汕头大学等都尝试推行书院制,还有些高校也准备推行书院制。尽管当下高校的书院制与古代书院并不完全相同,但作为对现代大学制度及其危机的一种反思形式,解读为"传统大学制度回归",也是一个比较自然的角度。

(一)书院制的主旨是养成道德

目前少数高校推行的书院制借用了古代书院制的名称,是一种学生社区生活管理模式,主要是以学生公寓为生活社区,承担的是学生的思想品德教育与行为养成等方面的教育任务。这种选择自然与传统书院有相当程度的并联。

1. 传统书院有一套成功的育人模式

我国传统书院,既是传道授业的教育机构,又是士人研究学术和敦崇教化的重要基地。在古代书院,学生不仅是要学习知识,更注重品德养成,最重要的是学习的知识与培养的品德在内容、方法、形式等是有机统一的。书院在我国有1000多年的繁盛时期,书院对学生教之以儒学经义,化之以圣贤名儒,训之以学规箴言。书院在多年的传统中形成了一套成功的育人模式。

(1)选择得天独厚的成长环境。我们这里叫成长环境,是因为书院既是徒生修学地也是进德处,即既要成人又要成才。因此书院的环境选择及建设也是颇有讲究的：其一，选址讲究。一般来说都选择在没有多少尘世干扰的环境幽静风景秀丽的湖畔山边，有利于静心修学，也有利于陶冶性情。有的书院甚至建筑物的格局、学生的平时自然视野内容、范围与结构都要考虑进去。其二，选师讲究。古代书院"对居讲席者和从游之士都有较高的要求，以为如此才能成就人才"。①"凡书院之长，必选经明行修，足为多士模范者，以礼聘请；生徒必择乡里秀异，沉潜学问者，酌仿白鹿洞规条，立之仪节，以检束身心；仿分年读书之法，予以课程中，使贯通经史。学臣三年任满，咨访考核，如果教术可观，人才蔚起，各加鼓励，六年后卓有成效，奏请酌量议叙；诸生中材器尤异者，准荐举一二，以示鼓舞"②。其三，选内容讲究。古代书院教学内容较广泛，如清代颜元主持的漳南书院，或课以"礼、乐、书、数、天文、地理"，或课以"黄帝、太公以及孙、吴五子兵法，攻守营阵，陆水诸战法，射、御、技击"，或课以"十三经、历代史、诰制章奏、诗文"，或课以"水学、火学、工学、象数"。③但总体上说，书院的教学内容是以儒学为核心的，而儒学则以天地人伦为核心的。总之，书院通过选择地址、选择教师、选择教学的内容及理念等，努力营造一个有利于青年学子成长成才的优良环境。

（2）成功的修学之道。我国古代书院经过多年的积淀，逐步形成了一套完善的实践性强的治学、修学之道，培养了大量的学有所成肩负国家中兴的知识分子。我国古代科举取士、儒生治国的模式，成就了中国古代文明与强盛，与书院培养的大量人才是分不开的。古代书院都有一套成熟的可操作的治学修学之道，比较有影响的如宋代朱熹的"朱子读书法"，元代程端礼的《程氏家塾读书分年日程》，进一步细化了朱子的读书法，使之形成条理清晰的规程和程式，对后世读书风气产生更大影响。此后，《程氏家塾读书分年日程》又衍化为白鹿洞书院的教条，尤其受到清代书院的重视，当做课程表来利用。这些治学之道、修学之法，规定得非常具体，如先读什么书、

---

① 徐雁平：《读书分年日程与清代的书院》，《南京晓庄学院学报》2006年第3期，第116页。
② 《钦定大清会典则例（卷七十）》，影印文渊阁四库全书本，第341页。
③ 《东山存稿（卷十四）》，《商山书院学田记》。

每天读的内容、如何温习、总结等等,循序渐进地理解提高,逐步修炼成才。如晚清梁启超等能够成为国学大家,就是仿照这个《程氏家塾读书分年日程》修学的。

(3) 成功的进德之法。书院除了传播儒学知识,更加重视道德修养,尤其是强调教师的身教和学生的践行。因此书院制定各种学规约束生徒,学规即规章制度,严格要求生徒践行这些规定,逐步培养良好的道德行为习惯。这些规约以朱熹的《白鹿洞书院揭示》(又称《鹿洞书院教条》、《白鹿洞教规》)影响最大,《白鹿洞书院揭示》先立"五教之目",再立"为学之序"、"修身之要"、"接物之要",言简意赅,是一部最能体现书院精神并为后世学规之范本,对生徒修身进德有重要作用。此外,又如明朝《教约》则要求生徒:"每日清晨,诸生参揖毕,教读以次遍询诸生,在家之所以爱亲敬长之心得无懈忽未能切否? 清定自省之仪得无亏缺未能实践否? 往来街衢步趋礼节得无放荡未能谨饬否? 一应言行心术得无欺妄非僻未能忠信笃敬否? 诸童子务要各以实对,有则改之,无则加勉"①。

更为重要的是,我国古代书院的环境建设、治学之道、修身之法都相互包涵、相通相融、相辅相成,对培养德才兼备人才,发挥事半功倍的作用。

2. 大学书院重在继承古代书院道德养成传统

我国部分大学推行的书院制,最主要目的还是借鉴古代书院道德养成的方法与传统,以培养大学生良好的道德行为习惯。如香港中文大学的书院制,就非常重视传统道德修养方法,重视"成人"教育,并逐步形成各自富有特色的文化:崇基书院奉行基督精神,院训是"止于至善"。新亚书院秉承中国传统文化,院训为"诚明",书院内甚至还有孔子像,书院重视促使学生在德、智、体、群、美各方面均衡发展,培养学生高尚的情操、求知的兴趣、敏锐的触角、冷静的分析以及团队精神。联合书院校训"明德新民",强调通识教育与专才教育并重,其通识教育的三大目标,即自我认识和价值观念的建立,学问领域的均衡汇通,独立思考和处事应变能力的提高。逸夫书院则是"修德讲学",特别强调学生要走出自己专业的局限,学会欣赏和了解

---

① 全祖望:《宋元学案·濂溪学案》,第130页。

其他学科的观点,开阔视野,重视让学生在学习参与及各类活动过程中体悟人生,培养良好的个性品格。香港中文大学的学生,把学校比喻为父亲,负责学生的学习、研究、提供个人发展机会,而把书院比作母亲,让同学们在大学里面学会做大学集体的一员,进而做社会的一员。国内已经推行书院制的高校,主要着眼点同样也是培养大学生良好道德行为习惯。

延伸阅读——西安交大推行书院制 对新生进行行为养成教育

本报讯(鸣琦 丁茜 本报记者 柯昌万)古老的书院制如今又在现代大学教育中焕发出勃勃生机。新近出现在西安交大校园内的学生教育管理机构——彭康书院,以其崭新的教育模式受到学生的欢迎。

2006年9月,西安交大以学生公寓为生活社区,成立了彭康书院,对新进校的本科学生进行思想品德与行为养成教育。学校让3200多名不同专业的新生统一进入这个书院,在通识教育阶段增加交流,自我管理,共同成长,两年后,再回归各自的学院接受专业课程的训练和培养。

彭康书院由4栋相邻近的学生公寓组成,设院长、副院长和党总支书记,并配有若干常任导师和兼职导师。彭康书院对入住学生的作息时间、宿舍卫生、个人行为与礼仪规范作了严格细致的规定,学生早上统一起床出操,晚上统一熄灯。同时,还给每个学生制作了包括参加社会实践、科技竞赛等方面评分的品德操行卡。书院设立了期刊阅览室,方便学生及时了解时事新闻。书院有常住导师,他们和学生同住同吃,随时解答学生的疑问。

谈到设立彭康书院的必要性,书院常住导师南亚娟说:"当代学生的思想价值观多元化发展的特点客观上要求高校加强管理。书院制要求不同专业的学生住在一起,有利于相互交流,增强集体合作意识。"

(《中国教育报》2007年2月12日第2版)

简要分析:

除了西安交通大学,国内也有大学推行的书院制。如果做些比较及梳理,会发现都有如下特点:第一,书院的主要任务是育人不是教书。各大学书院大都以生活社区为载体,赋予其更加丰富的文化内涵,加强思想品德与行为养成教育,以期增强大学生道德建设的实际效果。第二,书院制定有严格的规章制度。与一般的大学生公寓不同的是,书院制定有大量的与大学生活相关的行为规范,并要求学生严格遵守。第三,恢复大学传统伦理。如早上响铃统一起床出操,晚上统一熄灯,生活上似乎有点半军事化管理。又如书院要求每位学生在教室上课前要统一"起立"向任课老师行礼,待老师说"请坐"后方能坐下。这些都是志在恢复已经渐行渐远的大学传统伦理。第四,强调学生自主管理。要求学生积极参与管理,模范遵守规章制度,共创美好生活。第五,打乱专业班级,有意安排"混住",营造公共生活环境,目的当然是培养全面发展的人才。

(二)当代大学书院制建设应注意的问题

书院制,在我国高校是个新推出来的旧事,实事求是地讲它有其一定的合理性,甚至可能是当前解决我国高校学生德育问题最现实的路径。然而在大学内建设书院也是个比较复杂的事情,要特别要注意以下几个问题。

1. 要真正建立起具有鲜明特色的文化价值系统

通常情况下,大学书院的载体就是大学生公寓。从原来的公寓改为书院,主要就是给大学生公寓加载更多的、更丰富的文化的元素,使大学生公寓承担除简单的住宿功能之外更多的教育功能。在大学生公寓挂上书院的牌匾非常容易,但要建设真正的具有传统书院精神实质,并发挥重要育人作用还需要做很多事情。第一,要培育书院的文化精神。不论是古代的书院还是现代大学中还存在的书院,都有自己独特独立的文化精神。这种精神通常以书籍为载体,也以名人雅士为载体,还以建设好的公寓(书院)各种物质文化为载体,并同时发挥各种载体的综合作用,形成自己的文化精神。这种文化精神是区别于其他书院的、自己独有的并且是可以归纳的,这就是各个书院的院训。也只有自己独特的文化,书院才会具有吸引青年学子奋发向上的魅力。第二,要引导并形成书院的行为方式。在一个具体的书院中,其文化精神都表现为写在纸面上的对学生的各种各样的要求,书院的行为方式是落实在人的行动上的文化,这就需要慢慢引导和培养。例如,书院书多是没有用的,这些书必须是长期有人读并逐步形成一种叫做"读书"的生活方式,这就是文化;又如书院强调学生自我管理,学生只有真正自我管理而体验一种"服务他人"与被"他人服务"感觉,进而慢慢培养一种公民精神;再如书院有精心设计的作息时间规定,也必须切切实实地变为学生的行动,逐步养成有规律地学习与生活,促进其身心健康成长。

2. 争取家长、学生及社会的理解与支持

推行真正意义的书院制,对大学生的健康成长无疑具有重要意义。然而书院与大学生公寓还是有本质区别的,在高校有能力建设真正意义的书院的前提条件下,争取家长、学生及社会的支持也非常重要。第一,争取家长支持。家长的工作相对来说是比较好做的,因为只要是对学生健康成长有利的事情家长一般都不会反对。尽管如此,学校必须把书院制的内容、目的要求及特点,跟家长说明清楚并争取支持。能够争取到家长支持共同教育学生,就是教育成功的一半。中小学争取家长支持教育学生难度不大,大学一方面有意无意忽略了对家长的争取,另一方面大多家长也认为子女上了大学就等同于教育已经成功,子女成人了自己也不需要再费心了。这个问题也必须引起重视。第二,做好学生的工作。书院制与传统大学生公寓比较,有更多的行为规范的要求,也有更多较为严格的约束,有相当一部分学生并不理解。比如出操、自己管理生活事务等,大多数学生还是有些不情愿的。本来大学生早晨出操是个理所当然无须讨论的良好传统,但由于前文所论的价值混乱及制度危机等因素,反而使学生认为不出操才是理所当然的。本人曾就出操的问题上过好多论坛了解学生真实的态度和想法,所看到为数不多的还在坚持出操制度的学校,其学生在论坛上对出操之事的发言大多都没有好话。面对这样的情况,学校的态度很重要,必须始终认认真真地坚持正确的立场,耐心细致地做学生的工作,争取理解及支持,才逐步形成文化及精神。第三,利用社会资源。大学生公寓的书院制改造,必然需要投入大量的财力、物力资源。高校投入资源进行建设是必要的,但仅仅依靠高校的资源是远远不够的,还必须从社会大量引入各种物质及精神资源。一方面,引入社会物质资源使书院获得强大的发展动力。书院的建设首先要有大量的藏书,接受社会捐书或捐资购书是一个基本方法,此外书院的基本建设也需要大量物质资源。另一方面,引入社会精神文化资源充实书院内涵。我国部分高校推行书院制时间还不长,没有办法很快形成自己的文化精神。特别是办学历史不长的高校建设书院,本身没有很深的积淀,也没有标志性的文化人物(或符号),只有引入社会精神文化资源特别是校址地富有特色的精神文化资源,充实书院的内涵,才有可能较快地建设并健康地发展。

3. 尊重文化精神形成发展规律。文化精神的形成是一个逐步培养引导的过程,不可以一蹴而就。所以,推行书院制,还需要认真评估研究,精心设计操作方案,耐心细致实施,慢慢成长形成。要避免将大学生公寓换成书院的招牌就当完成任务,也要避免个个都能管个个都不管,尽量安排有专业特长、熟悉了解文化精神形成成长规律的专业人员领导组织实施。因为有好的主意没有好的方案行不通,有好的主意也有好的方案但没有执行能力也是行不通的。

第五章　文化涵养：价值根植

北京东方道德研究所王殿卿教授在《文化·道德·德育》一书中指出："文化是学校德育的根，道德是学校德育的魂，德育是承传文化与道德的载体。学校德育若离开文化的根，就会变成断了线而随'风'飘荡的风筝，若失去民族美德的灵魂，便成为用标语和口号糊成的竹筐。文化与道德都是人的生活，更是活生生的社会现实与实践，离开文化与道德，学校德育就难有生机和实效，就会变成一连串'正确'而僵化的教条。"因此，我们可以认为：大学如果真正有了文化，道德就会生根、开花、结果。

一、大学文化概述

广义的文化，内涵非常丰富，人们的理解也多样。文化建设如果要取得实效，必须确定"文化"的基本定义。大学文化从属于社会文化的大系统中，既有共性也有个性。因此，我们必须明确文化及大学文化的基本内涵与特征。

（一）文化概述

1. 基本定义辨析

在中国古代典籍里，"文化"不是一个现成的双音节词，它是由"文"这个象形字和"化"这个指事字复合而成的。"文"画的是一个正面人形，据考证，最早的字形其上半部包围之处中心部位有刻纹，也就是古人在其胸脯刻保护神（图腾）或心爱之物的图案，类似现在所说的文身（藏身避邪术），是一个象形符号。若以此作为动词,就是文身的"文",若以此作为名词,就是文章、文字的"文"。"化"字把一个侧面站立和一个倒立的人形画在一起,即由"亻"和"匕"组成,其中"匕"是倒立的"人"字的变形,这种组合符合指事造字法的反形表意原则,所指之事为人在翻跟斗,也即人体姿势不断改变的情形。由此"化"的意义已显而易见。南宋教育家朱熹(1130—1200)对"化"的字义有更为精确恰当的解释。他在为《周易》作注时写到:"变者,化之渐;化者,变之成。"用现在的话来说,变,指的是事物处在量变过程;化,指的则是事物已达到质变。可见,"化"是变的结果。文化,就是"文"的结果;文化,就是人化,就是人类适应自然和驾驭自然已成现实。中国"文化"一词最早出现于《易经》:"观乎天文,以察时变,观乎人文,以化成天下。"它的意思是按照人文来进行教化。文化在汉语中实际是"人文教化"的简称。前提是有"人"才有文化,意即文化是讨论人类社会的专属语;"文"是基础和工具,包括语言或文字;"教化"是这个词的真正重心所在:作为名词的"教化"是人群精神活动和物质活动的共同规范(同时这一规范在精神活动和物质活动的对象化成果中得到体现),作为动词的"教化"是共同规范产生、传承、传播及得到认同的过程和手段。

文化一词在拉丁文是动词"Colere",意思是耕作土地(故园艺学在英语为Horticulture),后引申为培养一个人的兴趣、精神和智能。文化概念是英国人类学家爱德华·泰勒在1871年提出的。他将文化定义为"包括知识、信仰、艺术、法律、道德、风俗以及作为一个社会成员所获得的能力与习惯的复杂整体"。此后,文化的定义层出不穷,克莱德·克拉克洪在20世纪50年代末期搜集了100多个文化的定义。

现代意义上的文化主要有三种含义:第一,人类在社会发展过程中所创造的物质财富和精神财富的总和,特指精神财富,如文学、艺术、教育、科学等。第二,考古学用语,指同一个历史时期的不同分布地点为转移的遗迹、遗物的综合体。同样的工具、用具,同样的制造技术等,是同一种文化的特征,如仰韶文化、龙山文化等。第三,指运用文字的能力及一般知识。如"学习文化"、"文化水平"等。人们对文化的定义不同,各自也都有一定的道理,在应用上各自取舍、各得其所。我们无法也没有必要厘清关于文化的所有的概念及其角度,就文化与道德及其关系看,文化就得回归到"人"这一主体。

2. 文化之于人的基本意蕴

文化的载体是多样的,包括书籍、物件、人物等;文化的表现形式多种多样,包括静态的、动态的、无形的等等;文化还有先进文化与落后文化之分……文化看起来的确比较难于把握。实际上,文化由人创造、由人感知其意义、最终作用于人,我们甚至还可以说文化的起点、过程、终点及意义都是人。所以,我们研究文化、建设文化、发展文化,将"人"作为一以贯之的角度进行观察,一定是正确的。

首先,文化之于人就是品格及生活方式。文化从最大的范围来说,是价值系统和生活方式;从个人来说,文化是一种人格结构的依据。一切文化最后都落实为人格,集体文化变成集体人格,个人文化变成个人人格。我们说一个人有文化,一方面是指他(她)掌握一定的知识性的文化,这也是我们通常讲的"文化程度",如大学文化、中学文化等;另一方面是指他(她)有一个文明的生活方式,而人们更多的是从这个角度来讲。所以,读很多书未必有一定文化;反之,没有读书的人也未必没有文化。通常人们讲的文化,都讲正向意义的文化,即先进文化,更准确地讲文化是有先进与落后、积极与消极之分的。所以好的人格应该与好的文化对应,不好的人格则与不好的文化对应,以此而论对个人及群体都适用。在现实生活中,人们普遍讲秩序是一种文化,人们普遍不讲秩序也是一种文化;人们普遍相互关心相互尊敬是一种文化,人们普遍互不信任、冷漠麻木也是一种文化。就个人来讲,谦谦君子有文化,戚戚小人不能说没有文化,只是坏的文化而已。

其次,文化因人而有意义。人是文化的创造者,人又是文化的动物,"文化"是人的世界的基本特征。文化因人而存在,人是文化的目的和依据,文化的本质是它的人性内涵。文化是一个生态系统,是一个活的有机体,作为人类活动的产物,伴随着活动过程本身,世世代代生长着。文化是人类活动的结果,它与人类如影相随,是漫长的生活经验的积累和行为的总结。"文化其实体现在一个人如何对待他人、对待自己、如何对待自己所处

第五章 文化涵养：价值根植

的自然环境。在一个文化厚实深沉的社会里，人懂得尊重自己——他不苟且，因为不苟且所以有品位；人懂得尊重别人——他不霸道，因为不霸道所以有道德；人懂得尊重自然——他不掠夺，因为不掠夺所以有永续的智能。品位、道德、智能，是文化积累的总和。文化不过是代代累积沉淀的习惯和信念，渗透在生活的实践中。"①

再次，每个人都会受某种特定文化的影响，同时也是特定文化的一部分。自从人类形成社会以来，每个人都是某种特定文化的产物，同时也是这种特定文化的一部分。这是文化更深层次的东西，文化更深层的东西是看不见、摸不着的，但却对人有强大的影响力。我们可以从下述事实中发现这一点：每一个人都有口音，口音究竟是怎们形成的呢？我们很难清晰地解释，但我们可以肯定的是文化塑造了我们。文化是蕴涵在社会背后的起综合和体系化作用的价值体系，这种价值体系的作用就形成了某种文化人格，包括集体的及个人的。我们还可以通过一个小故事分析说明：有一个日本人、美国人、英国人同时进入一间咖啡店，每人要了一杯咖啡，每杯咖啡里都有一只苍蝇。日本人很生气立即叫服务员请经理过来，要告诉经理如何管理经营咖啡店；美国人也向服务员打个响指，并跟服务员说：在我们美国，咖啡是归咖啡放，苍蝇归苍蝇放，如果客人想吃多少个苍蝇则由客人自己加，不用麻烦你们提前加了；英国人则把咖啡钱放在台面上，整理一下衣服，慢条斯理地走出去了。这就反映出不同民族文化性格（人格）特点：日本人重视经营管理、好为人师；美国人很幽默；英国人则绅士。这种不同文化性格特征也是在不同文化环境濡染下形成的。再回到现实生活中看，守时、讲秩序是一种文化品格，是在一种叫守时、讲秩序的文化氛围中濡染形成的；不守时、不讲秩序也是一种文化品格，是差的文化品格，同样也是在一种叫做不守时、不讲秩序的文化氛围中濡染形成的……因此，我们通常说要建设、发展先进文化，要"以科学的理论武装人，以正确的舆论引导人，以高尚的精神塑造人，以优秀的作品鼓舞人"，就是要培养"有理想、有文化、有道德、有纪律"的公民。

---

① 龙应台：《文化是什么？》，《中国青年报》2005年10月19日。

3. 文化与道德及其关系

所谓"文化",是指人类社会创造的物质文明精神文明成果的总和。文化的特征是与生产生活相关,有历史继承性。"道德"是指调解人与人,人与社会之间的行为规范的总和,具有时代性,地理区域性和继承性,人类的物质文明,精神文明的创造离不开相应的良好道德规范及人的良好道德品质,所以说文化包含了道德内容。我们通常所讲的文化还有先进与落后之分,道德虽然也有旧道德和新道德之分,但讲道德一般都指正向的或者说是崇高的道德,是先进文化的体现和重要内容。就文化与道德的关系而言,一般的情况是:先进文化能够涵养崇高的道德;反之,消极落后的文化则导致道德堕落。当然,我们在这里讲的文化都指先进文化。

维特根斯坦说:"文化是一种习惯,一种先前规定的习惯。"他又说:"早期的文化将变成一堆瓦砾,最后变成一堆灰土,但精神将萦绕着灰土。"文化在人类生活中的表现不是一些简单的形式的摆设,而是人们的思想和生活方式。而先进的思想和文明的生活方式,一定是符合道德的要求的,甚至可以认为是道德本身。因此,我们认为,道德生于文化,文化则可以涵养道德。古老的文化主要是一些安身立命所必须遵守的基本原则,这些原则主要涉及修行、宗教和人与人之间关系的处理,用以维持整个社会的道德水平。因此,文化的核心往往具有明确的道德主义倾向。西方的基督教、东方的道家学说、佛教、儒教学说都是如此。文化同时是维系一个民族生存和发展的良性力量,它对整个社会的道德起着维护和制约的作用;面对人的贪欲、盲目与无知、权谋和暴力,历来存在着正邪的激烈较量。在这其中,文化是人的真正庇护和依靠。但是,当人自己走向与邪恶同流合污的时候,他就自己选择了对文化的背离,文化在衰败中抛下了愚蠢、可怜的人。

当前道德现状堪忧,一个很重要的原因是我们缺乏文化,或者说是文化的堕落使然。如今充斥于我们生活中的被称为文化的文艺影视题材都是诸如江湖争霸、黑帮当道、婚外恋、三角恋等等,再夹杂点轻喜剧、肥皂剧,夹杂点足球彩票、短信竞猜,夹杂点搔首弄姿的星动星跳,夹杂点做女人挺好和要多大有多大的广告,真让人眼花缭乱无所适从,但却是俗不可耐毫无灵魂的。香港作家董桥说:这是一个俗文化遍地插枝无性繁殖而新的雅文化迟迟不受精的时代。可以说,文化的堕落必然使道德堕落。当今学校道德、社会公德、职业道德领域所产生的种种危机,其背后是文化的危机。因此,我们不能离开文化谈道德,离开文化的道德,就犹如没有土壤的植物、没有根基的楼阁;我们必须建设先进文化,促进并涵养人类的道德精神。

(二)大学文化概述

大学文化及范畴相对社会文化虽然小一些,但也不容易讲清楚。我们也只是从部分关联角度讨论。

1. 概念与内涵

何谓大学文化?大学文化是指在一定历史条件下,大学在其发展过程中形成的共同价值观、信念、行为准则及其在规章制度、行为方式、器物设施中体现的特定的人文精神。大学文化以人文为特质,着眼于精神文化建设,侧重于环境熏陶,直接服务于大学生的全面发展。它具有隐含性、辐射性和蕴涵性,其作用是非强制性的、潜在的、缓慢但长久的。它通过情感与心理中介的涵育和陶冶,利用环境的积极影响,调动学生认知与实践的主观能动性与创造性,促进人类文化向大学生道德心理品质的内化,从造就学生的健全人格、健康情绪和体察涵蕴之能力上下工夫,培养学生正确的世界观、人生观和价值观。①

大学文化是一所大学长期以来在社会文化的影响下,在广大师生的共同努力下,创造、传承和积累而成的物质成果和精神成果的总和,也是一所学校的物质财富和精神财富。② 大学文化包括大学的办学理念、办学方针、校风、教风、学风、文化氛围、价值目标等,是整个社会文化中更高层次的文化。③ 其价值在于把具有强制性特征的教育外化为虽具有教育意图但却以学生自我教育的形式完成的大学环境。它是一种以文化的形态或潜性课程参与教育全过程的非强制性教育手段,是通过教育环境的营造,以一种不知不

---

① 王金华:《大学生道德养成教育研究》,华中师范在大学出版社2008年版,第182页。
② 吴启迪:《大学校长与大学文化》,《中国大学教学》2003年第12期,第4—5页。
③ 杨德广:《大学文化建设的内涵和作用》,《高校教育管理》2007年第2期,第1—5页。

觉的、潜移默化的、润物无声的情感陶冶、思想感化、价值认同、行为养成的方式实现教育目的。因此,大学文化在促进大学生道德养成方面具有十分卓越的功效。

教育作为特殊的社会实践活动,是最充分最有效培养人的力量,而大学内在的不可替代的教育力量就是文化对人的影响。任何生物都是环境的产物,其成长自然都会受到环境的影响。普通生物只受自然环境的影响,而人还要受到文化环境的影响,这也正是人之所以区别于其他生物的本质所在。因此,大致作为社会中最具文化氛围的组织,文化的作用就更加明显了。德国教育家雅斯贝尔斯认为"教育只能根据人的天分和可能性来促使人的发展,教育不能改变人生而具有的本质。但是没有一个人能认识到自己天分中沉睡的可能性,因此,需要教育来唤醒人所未能意识到的一切。"①这也就告诉我们,教育的功能首先要在于"唤醒"。但学生绝非仅在课堂里或说教中成长,更重要的是在特殊的学校文化环境、文化氛围的影响中成长。大学文化这种潜移默化、润物细无声的隐性作用特质,将会"唤醒"在大学生天性中沉睡的部分,这对学生成长将产生决定性意义的影响。并且,人在本性上是求知的、向善的和追求自我超越的,也只有大学文化才能满足学生作为人的本质需求。② 到了20世纪末,我国大学进入了前所未有的历史发展时期,我国高等教育改革进程加快,向大众化目标的迈进,使大学里的受教育人数达到了历史上前所未有的水平,但与此同时,也出现了大学文化品位下降、大学精神失落等大学文化衰微的现象,大学面临的挑战和问题越来越多,大学处在了一个发展的关键时期。21世纪的大学之路该如何走? 它在社会生活和人的成长道路上应该起到怎样的作用? 等等一系列重大问题。可以说,当今的中国大学比历史上任何时期更需要找到一种行之有效的在大学常规管理模式之上起到统摄作用的形而上的要素——大学文化。

大学文化的内涵十分丰富。一般说来,大学文化的内涵结构是由精神、制度、物质和行为四个层面综合而成的复杂系统:即以价值观、理想追求、道

---

① [德]雅斯贝尔斯:《什么是教育》,生活·读书·新知三联出版社1991年版,第65页。
② 申作青:《当代大学文化论》,浙江大学出版社2006年版,第203页。

德情感等为主的精神文化;以大学的组织架构及运行规则等为主的制度文化;以大学的物质设施、空间环境等为主的物质文化;以师生的精神状态、行为操守和文化品位为主的行为文化。其中,精神文化为核心,制度文化和物质文化是保障,行为文化是大学文化的晴雨表和大学的"活文化"。四大层面的文化相互渗透和相互影响,形成一张无形的网作用于大学校园的每一个角落,作用于每一个学生。正如香港学者丁学良在《什么是世界一流大学》中所说:"一所大学能否成为世界一流大学,主要取决于三个方面的因素:一是物质实力;二是制度;三是精神气质。"

2. 大学文化的主要表现形式

第一,大学文化是大学的一种行为方式。大学文化的最直观表现是行为文化,或者说是大学的行为方式。大学的行为方式由教职员工及学生(通常统称大学人)表现出来,具有不同于社会的特质。这种特质就是大学生的文化修养与品味都高于社会,并发挥引领社会文化发展潮流之作用,这也是大学文化应然的状态及使命。如人的诚实守信、严谨认真的品格必须培养出来并优于社会。这里我们还可以引用一个小故事说明问题:香港凤凰卫视有个"锵锵三人行"的节目,许子东先生在一期节目中讲了一个他自己亲历的一个故事:有次在日本的大学参加学术活动,由于对当地情况不是很熟悉而向一个大学女生问路,女生不是简单地描述道路方向,而是专门用一张纸将东南西北、行走方向、公交路线、地铁时刻等详细资料标示出来,并附具体文字说明,同时还将许子东先生要转车的站点拍了个很大的全景照片,以提醒他不要弄错了转车地点。许子东先生由此感慨万千:这就是体现在大学生身上的优秀的国民素质,这种国民素质的普遍性是日本人在战后经济迅速起飞的根本因素。他由此还引出了一个问题:哪天如果中日再战,我们以什么应对? 我们任何时候讲文化,必须回归到人、回归到人的行为方式,才具有实际意义。在日常社会生活中,有人通常将一个地方有一座庙、有一段古代城墙、一幢旧木楼就叫有文化,这是不严谨的甚至会产生误导作用。实际上,是这些旧物承载着某种文化信息,这种文化信息只有对人们的思想观念、行为方式发生某种影响作用,才具有价值。如果这些存在物承载的文化信息对人们没有任何作用,那是没有意义的。大学文化及其建设,其出发点和归宿点都应该是大学人的行为方式。

第二,大学文化的各种形态及其关系。大学文化有多种形态,归纳起来主要有两种:一是积极的文化;二是消极的文化。积极的文化一般是指那些符合主流社会价值要求的健康向上的文化及其各种表现形式。这种文化深层次体现在人们的思维方式、行为习惯、交往活动等,浅层次的直接表现的在大学中学校、社团及有关机构组织的各种健康有益的文化活动,如体育运动、辩论比赛、演讲比赛、歌咏比赛等等,不仅鼓舞人心、催人奋进,而且还是大学文化氛围的主要内容及形式。相对而言,消极文化就是指那些不符合主流社会价值要求的文化及各种表现形式。在我国高校,如有些学生热衷于过洋节、染发、长发、光头、行为另类等,都属于这种情况,是学校主流价值所不认可的,也是教师教育的重点对象。尽管如此,学校一般也会对这种情况持包容的态度。因为大学文化是以丰富、多元、包容为主要特征,这个特征是大学文化的魅力所在及发展的动力。同时,有些学生表象的行为方式不一定是他们真实的内心世界,从经验上看,好多行为另类的学生仅仅是希望得到他人特别是老师的注意而已。当然,对一些极端的问题学校是旗帜鲜明反对并下定决心治理的,如在各大学都或多或少存在的也以文化命名的"课桌文化"、"厕所文化"等等。一般情况下,我们讨论的大学文化都是约定俗成指向正态的或者说是积极的文化,即好的或者是先进的文化。

3. 大学文化的价值功能

作为一种独特的社会文化形态,大学文化主要凝聚在大学所拥有的深厚的文化底蕴之中,是大学在长期的办学实践的基础上积淀和创造的大学精神文化、制度文化、物质文化的总和。先进的办学理念、科学的制度规范、鲜明的办学特色是评价大学文化建设水平的重要指标,也正是中国大学现代化的价值诉求。

第一,大学文化是大学核心竞争力之根本。大学文化反映了一所大学的整体风貌和办学理念,是其软实力的综合体现。20世纪90年代,哈佛大学的约瑟夫·奈教授提出了"软实力"的概念,特指一个国家依靠政治制度的吸引力、文化价值的感召力和国民形象的亲和力等释放出来的无形影响

第五章 文化涵养:价值根植

力。硬实力是看得见、摸得着的物质力量,而软实力则是看不见的精神力量。一所大学的文化底蕴,是一代代大学人精神与学术品格的凝练与积淀,文化底蕴决定了学校的发展潜力。没有文化的大学,是缺乏思想的大学。思想有多远,人就能走多远。大学文化是大学赖以生存、发展的文化基础。大学文化是大学最重要的无形资产,是一种高品位的、富有个性的、具有强大号召力的东西。它对大学的员工、学生以及社会公众都是一种不可替代的资源,有着不可忽视的作用。现代大学的功能不仅在于创造知识、传播知识,还要培育人才、传承文化、为社会服务。大学应该成为继承传播民族优秀文化的重要场所和交流借鉴世界进步文化的窗口,成为新知识、新思想、新理论的重要宝库,更重要的是成为人才成长的摇篮、文化的中心、社会的"公器"和"良心"。大学文化是大学核心竞争力之根本。

第二,大学文化是推动社会和谐的催化剂。社会主义和谐社会的构建关系到最广大人民的根本利益。关系到全面建设小康社会的全局,关系到党的事业兴旺发达和国家的长治久安。在社会主义现代化建设中,我们必须把构建社会主义和谐社会摆在更加突出的位置。大学作为象牙之塔、圣洁之地,其文化一般都高于社会并引领和推动社会文化思想的方向,文化是社会和谐的润滑剂,真正有文化的大学一定是和谐的社会。大学文化同时也是社会的晴雨表,大学校园的和谐往往能使根源于社会背景的矛盾和冲突得以缓和,起到重要的润滑剂作用。社会主义和谐社会的构建离不开大学校园的和谐,离不开大学和谐文化的建设。

第三,大学文化对大学生道德的涵养功能。首先,大学是文化的传承者,文化传承的载体是大学人,大学的最本源的功能就是塑造有文化的人。大学最根本的功能和职责是培育人,离开了育人这个最根本的功能,大学就不能成其为大学。文化从其产生、起源上说是"人化",即人的本质力量的对象化;从其功能、作用上来是"化人",即教化人、陶冶人、塑造人。人是文化的创造者,也是文化的创造物和体现者。大学就是通过文化培养人、塑造人的。大学的出现,是为了继承文化、传播文化、创造文化、研究文化,通过文化的继承、传播、创造和研究,促进受教育者的社会化、个性化、理性化、文明化,从而塑造健全的人、独立的人、完善的人、有益于社会的人。因此,大学的教育教学过程,实质上就是一个有目的有计划的文化育人过程,即所谓教书育人、管理育人、服务育人和环境育人。其次,道德品质的形成是内隐学习的结果,大学文化的涵养是大学生内隐学习的主要内容与过程。文化的涵养实质就是环境育人。大学文化环境育人,就是将大学理念、大学精神等教育目标融入到学生日常所见、所闻、所感、所触的环境中去,从而达到"和风细雨,润物细无声"隐性教育效果。内隐学习的概念是由罗伯(A. S. Reber)首先提出的,他在人工语法概念学习的实验中,发现被试者在无意识作用下获得字母所蕴涵的语法规则,他把这种现象称为内隐学习。心理学研究表明,"人的道德品质的形成同其他心理品质的形成一样,绝不可能被老师像倒牛奶一样倒到学生的脑袋里。品行的形成更多是无意识的、内隐习惯的形成过程"。① 道德品质形成的基本心理结构实际上乃是由道德认识、道德情感、道德意志以及道德行为这四种主要因素所构成。在道德品质的形成过程中,首先是个体对社会道德生活、社会道德原则和规范及其意义的认识,并在认识的基础上形成了个人态度和行为倾向,对态度的内心体验是道德情感问题,并形成准备履行道德原则的行为倾向的道德意志,最终稳定为自己的道德行为和习惯。道德认知,特别是与生活密切相关的经验往往是无意识的获得、潜移默化进行使用。道德认识主要是对于客观存在的道德关系以及处理这种关系的原则和规范的认识。其中包括道德观念、概念、原则、信念和观点,以及运用他们去进行道德判断和评价,从而确定个体的道德品质。学生在道德行为形成过程中,首先是掌握道德理论、规范、准则,而作为德行重要方面的"习惯",是在日常生活中形成的。在接受道德观念、原则和观点时,他们会与日常的生活紧密联系,并对这些信息进行加工整理,获得认同感。"在道德品质的形成过程中,不仅道德认识离不开内隐学习,而且道德情感的形成、道德信念的确立、道德行为的锻造两样与内隐学习的状态密切相关"。② 从道德品质形成的心理机制看,在大学生道德品质的形成是内隐学习的结果。我国心理学家欧阳文珍对于道德的实证实

---

① 杨治良:《内隐社会认知的初步实验研究》,《心理学报》1997年第1期。
② 孔维民:《内隐学习理论与学校德育》,《教育科学》2002年第3期。

验研究也同样说明内隐的、下意识的学习对于道德教育的意义,他指出:"在意识的层面上,人们往往并不意识到自己正在嫉妒着周围的人,但是内隐的记忆中,人们的嫉妒感却切实地影响了自己对别人的评价。"①章志光等人也研究指出:"小学生课业责任心的培养并不仅仅取决于小学生对于老师灌输的作业意义的理解。如果能够创设小学生能够及时完成作业的习惯,帮助小学生掌握学习方法,使其获得更多成功体验,就可能促使学生形成课业的责任心。"②这些研究为"道德品质更多是内隐学习的结果"提出了依据。由此看来,道德品质的形成更多是内隐学习的结果,道德教育过程应更关注隐性课程。道德教育应关注内隐学习是有心理学依据的:道德教育不仅是道德知识的学习过程,更重要的是道德行为的养成。道德教育的目的绝不是单纯完成道德知识的记诵,而是个体实现道德上的学习和超越,塑造完全的道德人格,使其由单纯的道德认知向道德认识与道德行为统一的转变。因此,隐性的道德教育是学生的无意识学习,教育者以暗含的、间接的、内隐的方式呈现教育内容。施教过程中教育的痕迹不明显,教育者通过委婉的方式向学生传递知识信息、价值观念,使学生在接受过程中呈现主动学习,而不是被动接受。大学文化则正是属于隐性课程,对学生道德品质形成的影响是巨大而深远的。在学校教育过程中,除显性课程外,学校的环境、气氛、学校的风气潜在影响着学生的成长和道德品质发展,是间接的、内隐的、无意识的德育隐性课程。

二、大学文化的道德养成功能

大学文化一方面塑造大学生的道德品质,同时还涵养着大学生的道德品质,最终形成价值观念及行为习惯,大学生群体性牢固的思想道德观念及始终如一的行为习惯,也就是大学文化的最直观表现。对大学生道德养成

---

① 欧阳文珍:《嫉妒心理及其内隐性研究》,《心理科学》2000年第4期。
② 章志光:《小学生课业责任心形成的实验研究》,《心理学报》1964年第2期。

具有重要作用的包括大学的物质文化、精神文化、制度文化、活动及行为文化等。

(一)大学物质文化及其道德养成功能

1. 大学的物质文化

大学物质文化指的是学校的物质文化载体,主要包括校园建筑、校园文化设施和校园美化物态。校园主体建筑指门面、路径、教学楼、学生宿舍及食堂等;校园文化设施主要指体育场、俱乐部、图书馆、学生活动中心、展览室、音乐厅以及相关的设备器材等;校园美化物态指草坪、雕塑、花坛、亭台、纪念碑及假山等。客观物体本来是没有生命和情感的,但是按照预期的教育目标,并适应学生成长需要进行精心设计和创造后,校园建筑和生态环境也变得活起来。

大学中物质文化不仅可以作为环境育人的元素对大学生产生影响,而且也可以发现精神文化、制度文化、行为文化的明显印记。许多表现为物质形态的文化符号,其实都是大学精神文化、制度文化、行为文化的"物化",如校园雕塑、人文景观、艺术馆、博物馆、校园规划等。

大学物质文化作为一种物质的客观存在是大学文化网络中的"硬实力"。它主要指大学教育教学物质条件构成、能被人们感觉到的客观存在的实体文化,是大学文化的物质基础和外部表现形态,其存在形式为校园环境、建筑布局、人文景观、学科专业、师资队伍、教学设施和手段等有形事物。联合国教科文组织指出:"除了正规的课程以外,学生置身于其中的环境也是一种教育要素或反教育要素。一个肮脏的环境培育不出环保意识和美学意识。"[①]我们都有这样的体会,步入著名的学府,总能感受到校园里有一种奔涌的、富有生命力的东西在撞击你的心灵,它使你感动、兴奋、激越、升腾,这种东西不是别的,就是大学特有的无形之精神文化和有形的物质文化的复合体。忽视环境文化对人的教育影响和精神熏陶的作用是愚蠢的。

[①] 联合国教科文组织:《21世纪的高等教育展望和行动》,《巴黎高等教育会议文件》1998年。

2. 大学物质文化的道德养成功能

我们知道,青年大学生思想活跃、可塑性强,他们总是习惯于用自己接触到的事物来评价全部的周围环境,常以所接触的人为榜样进行模仿。大学生绝大多数时间要在校园内学习、生活,在这个时候,校园有无文化的介入和渗透,有什么样的文化介入和渗透,对学生的德育的结果是大不一样的。校园物质文化蕴涵着学校所倡导的价值、理想,积淀着一个学校的历史与传统,是学生道德认识的重要素材。他们不太喜欢抽象的说教、直言的训导,但挡不住校园物质文化的情感的冲击、隐形的诱导。"学生身临其境地体验和感受这种物质实体文化氛围,通过对它的解读与领悟,学会与他人、社会、历史、文化的交流与对话,把物质环境中隐含的客体精神转化为自己的主体精神和自我感受,由自然的人过渡到文化的人,在不知不觉中完成自己的'文化化'的过程"。① 大学校园物质文化对大学生道德养成具有多方面功能:

第一,美育渗透。德育本身就是对人的心灵的美育。美育具有形象性、直观性和感染性,适合青少年心理特点,能潜移默化地提高学生的思想觉悟,容易化解现行德育的"抗药性"。如通过借山光悦人性,假湖石以静心情,使学生获超然自然世外之感,在万籁空寂之中悟通畈真;通过绿化美化,用优美的校园环境陶冶学生关爱自然、关爱社会、关爱他人的美好情操;再如校园种植花卉、树木,让学子们在清爽怡人的校园中,目睹叶荣叶枯、花开花落的四季更迭,通过观察,解读和体悟自然之"道",达到涵养学生性情、提升其心灵境界的效果。

第二,熏陶同化。人与人之间通过自然界形成的社会联系是文化得以产生和发展的基础。文化作为自然界的人化,对环境中的人产生作用和影响。生活在一定的自然环境中的人,总是力图对周围的环境客体做全面的认识和综合解释,这就是环境知觉。不同生活环境长大的人在同一环境的熏陶下,其环境知觉上的差异逐步减少,对环境的认识水平逐步提高。比

---

① 夏湘远:《大学校园文化建设与大学生道德养成教育》,《大学教育科学》2006 年第 3 期,第 15—18 页。

如,在名人雕塑前探究他们成功的秘诀,在教学楼前品味其庄重典雅的形态,在优美的环境中畅享知识的甘甜,物质环境所承载的文化信息会让每一个大学人的思想受到熏陶和同化。

第三,形象说理。即用形象化的语言去阐释道理。德育既有许多大的道理要讲,也有许多生活细微小事要说。如果语言苍白,不论是板着脸孔的训斥,唾沫四溅的宏论,还是"苦口婆心"的唠叨,学生都会懒得听,甚至感到腻歪,不买账。而校园物质文化却能避免以上的缺陷,其通过学校的名人雕像、深蕴的标牌路引、建筑的形象命名等向学生们提供道德认知的素材。学生生活在这样的一种环境之中,自然而然自愿地习得道德知识,自觉或不自觉地意识到道德的具体性、平常性。

第四,陶冶养成。不同的个体,对信息的敏感度不同,环境知觉迥异,因此,不同的个体从同一环境中获得的信息也不完全相同。此外,"在环境知觉的指导下,人在空间进行各种各样的活动,空间慢慢地与各种各样的活动发生联系,产生了意义"。① 这种在环境知觉基础上对获得信息的理解,就是解读。解读者根据自己的生活经验、文化背景和心理趋向,感知、思考和把握大学物质形态中所蕴涵的各种文化信息,从中领会特定文化的空间设计,解读者的素养,就是通过无数次"视觉融合"不断完善、提高和建构起来的。物质文化的解读潜移默化地影响着学生的思想观念、陶冶学生的道德情操,从而促进学生良好的行为习惯的养成和形成学生特定的精神风貌。

第五,承载提升。由于大学物质文化凝结着大学人的劳动成果,具有承载文化、见证历史的功能,从而成为大学教育固化的一种表达方式,其奥秘就在于这种表达方式在大学的历史发展进程中其内容不断增加,精神不断凝练。所以,办学历史悠久的高校文化底蕴深厚、文化气息浓重。学生在与大学物质形态的"交往"中获得精神的丰富、道德素养的提升。

第六,激发情感。无论是物质的美育还是形象说理都是为了引燃学生情感火焰,让学生产生共鸣,以达到学生自我教育的境界。正如列宁所说

---

① 郑立华:《跨文化交际中的空间因素》,《文化研究》,中国人民大学书报资料中心,1998年第1期。

"没有'人的情感',就从来没有也不可能有人对真理的追求"。① 譬如整洁有序、景色优美的校园环境,能使生活在其中的大学生陶冶性情、纯净心境,保持愉悦、乐观的心情,使他们保持积极主动的学习心态,从而受到良好的教育效果。情感是思想品德形成的催化剂和内驱力,而情感不会随着对教材的认识而自动产生,它的重要特征是"情境性"和"体验性",校园物质文化恰恰提供了现实的情境让学生去体验、感悟,激发学生美好的道德情操。苏霍姆林斯基也曾说过"未来的学校应当把大自然所赋予于人所能做到的一切都尽可能充分地用于人的和谐发展,做到使大自然为人服务","努力做到使学校的墙壁也说话"。② 可见,"这种原本没有生命和情感、但经过精心设计的校园物质,不只是一种单纯完成物质功能的活动,更是一种传达信息文化交流与对话形式,能够滋养并渗透学生心灵,激发学生自觉追求美的道德情感,实现德育主体的外在对象性和内在对象性的结合和互动。"③ 这说明良好的校园物质文化,具有"桃李不言,下自成蹊"的隐性教育效果。

(二)大学精神文化及其道德养成功能

1. 大学精神文化

这是大学文化的核心,它主要通过大学校园精神体现出来。大学精神文化是大学全体人员长期或短期的意识思维活动和一般心理状态的总和。大学精神文化是由有形和无形的环境因素有机组成的一种潜在教育力量。它是潜在课程的核心内容,主要包括各种优秀的报刊杂志、各种奖罚以及领导工作方式、学生学风、师生关系、教师的生活作风、职业道德修养、工作态度和教学的责任心、校园校风、世界观、人生观、价值观、思维方式、态度、语言、情感、意向、人格特征等文化要素等,所有这些有形的或无形的体现真、

---

① 《列宁全集》第20卷,人民出版社1985年版,第255页。
② 夏湘远:《大学校园文化建设与大学生道德养成教育》,《大学教育科学》2006年第3期,第15—18页。
③ 罗法洋、阳倩倩:《校园文化的德育功能新论》,《教育与职业》2006年第36期,第73—74页。

善、美的"精神食粮"都会以大学环境为载体,借助于感化、暗示、模仿、从众、认同、舆论等社会心理机制,通过一定的文化氛围和精神环境使生活在其中的个体无形中在思想观念、价值取向等诸多方面对学校的文化价值产生认同,从而实现对个体精神、心灵、性格的塑造。大学的精神文化还包括一所大学的知识、信仰、艺术、伦理、道德、法律甚至是习俗以及作为一所大学成员的人所拥有的其他一切能力和研究习惯。在大学的精神文化中,又可以分成两部分:一部分是通过一定的物质载体如书籍等其他有形物质载体得以记录、表现、保存、传递的文化;另一部分则以思想观念、心理状态等形式存在于大学人的头脑中,表现于大学人的日常行为习惯之中。大学人的学习与生活行为、理想信念、价值取向的追求,反映了一所大学的精神风貌。

2. 大学精神文化的道德养成功能

大学精神文化是大学文化的灵魂,是一所大学生生不息的发展动力和源泉,是一所大学体现出来的生命力、创造力和凝聚力的整体精神面貌。大学文化对大学生道德价值观念及行为习惯的养成具有重要的作用。

第一,隐性导向功能。大学精神文化比较明显的一个特点就是具有思想性。大学精神明确地提倡什么、追求什么,引导大学生们的思想和行为符合学校培育目标的导向功能。这种观念形态的东西不具有强制性,却能引导产生感情上的共鸣与认同,进而形成一种自觉的、内在的驱动力和强大的感召力,促使他们去主动地完善自己,适应并改造社会。大学精神文化对个性的影响力和约束力具有持久性的特点。从根本上来说,大学精神文化是一种历史的继承和传递,它融化在学校这个集体的血液中,积淀下来并一代代地传递下去。大学精神文化所具有的强大的隐性导向功能,这种导向功能主要融在学校各种优秀的报刊杂志所倡导的理念、校园物质条件到精神活动所营造的文化氛围、学校制度各种奖罚以及领导工作方式等,都能够给生活于其中的校园人一个具体可感的参考,并传递出一定的价值信息,给每个校园人心理上以一定的暗示,使他们自觉或不知觉地从周围文化氛围中接受那些人们所认可或学校所倡导的人生观、价值观和道德观。同时这种或能使受教育者在日常校园生活中完善了个性,促进了创造力的发挥,并为今后走向社会打下了全面的、坚实的基础,从而把自己培养成为社会需要的合格人才。大量的管理实践证明:这种来自大学人"内心"的价值约束对行为的约束会更加有效。

第二,激励和凝聚功能。大学精神文化作为一种渗透力很强的精神现象,它本身具有一种"内驱力",能对高校大学生产生激励作用。大学精神文化使一所大学成为一个共同体,成为一个由理想、价值、荣誉等凝聚起来的教育机构,作为人类精神家园,使人形成一种比较强烈的认同感、归属感、责任感和荣誉感,产生一种巨大的向心力和凝聚力。大学精神文化能使理想信念、价值观念以及学校精神在大学生的心灵深处形成一种心理定式,构造出一种响应机制,当外部诱导信号发生时,就发生出积极的响应,并迅速转化为预期的行为。就是通过把握人的心理动向,有效地激发人的动机,催生和启发人的内在动力,形成强烈的行为心理指向,来不断巩固人的道德行为。精神文化的"内驱力"重要的是通过学生对周围"软约束力"的精神文化解读以促其内在自我教育的需要。

第三,精神塑造功能。一流大学精神文化对师生员工均具备一种潜在的较强的精神塑造功能。在新时期、新形势下,思想政治教育的对象具有了更多的个性特征和多元的思想观念,这些多元的思想观念和性格可能在短时期内与大学文化表现出不适应甚至冲突的情况。但随着时间的推移,大学文化表现出独有的精神魅力和强大的涵养能力,对思想政治教育所针对个体个性的塑造能力便凸显出来。文化的共生和浩大,弱化和消除了不同观念带来的强大思想压力,个体可以在这样的环境下自由地表达观点,选择自己的爱好;各种偏激的思维方式乃至独异的行为在这里都能得到理解甚至赞赏。特别是对于需要平衡社会文化压力与自身成长所付出代价的大学生来说,这种环境对个性精神的塑造非常有利,他们可以按照自己的个性特点来发展自己,形成自己的特色,不会因为别人的态度来改变自己。"大学精神文化可以有效地满足学生的心理发展,引导学生的思想意识,消除学生个体内在形式与学校外部世界的紧张对立状态,同时通过教育者的举止仪表、校园文化活动、人际关系等有形或无形的'精神产品'给学生注入丰富的教育理念和道德信念,唤起他们高尚的道德情操,使其产生强烈的归属感、自尊感和使命感,从而促进学生的道德发展。"①概而言之,校园精神文化借助于感化、暗示、模仿、从众、认同、舆论等社会心理机制,通过校园多层次的信息文化交流从不同侧面影响、改变和塑造着学生的认识、情感和行为;对大学生品德的养成是无声的,渐进的,更是长远的,能达到"春风化雨,润物细无声"的境界。

(三)大学制度文化及其道德养成功能

1. 大学制度文化

大学精神文化是大学文化的灵魂,大学物质文化既是大学精神文化的物质基础又是大学综合实力的重要标志,大学精神文化和物质文化都需要相应的大学制度文化予以保证。大学制度文化是有关大学管理制度和行为规范的总和,反映大学与政府、大学与社会、大学内部各要素的相互关系,是促进大学物质环境文化和精神文化协调发展并将其转化为高效有序行动的保证。

爱尔维修曾认为:制度是青年人的最好导师。学校制度文化隐藏在学校的仪式、人际关系、教育观念、课程与知识、教学方法和技术、学校管理结构、发展规划、教育组织形式、目标、传统与习俗,乃至心理氛围中。学校要培养学生良好的集体理念,必须依靠一定组织和规则来调控与维持,不管是校规、班规,还是学生会、社团的规定,也不论是正式的或非正式的,成文的或心理约定的,这些科学合理的制度一旦形成,就成为权威的、客观的力量,成为集体价值理念,使生活于其中的学生自主地接受它。概而言之,制度文化的德育潜能重要的是通过其本身"硬约束力"的规范作用发挥出来的。

2. 大学制度文化的道德养成功能

从大学本身来说,大学制度对大学生道德养成的规制作用更为明显,而"文化化"的制度或者说制度文化,对学生道德养成的功能作用同样明显。

第一,规范和约束功能。任何人的思想方式、伦理道德、行为规范、技术

---

① 罗法洋、阳倩倩:《校园文化的德育功能新论》,《教育与职业》2006年第36期,第73—74页。

能力和知识水平都是在一定环境中形成和发展的,并且是环境的产物。自然环境的好坏取决于人文环境。从目前人们的行为方式来看,人文环境要依靠制度文化保驾护航。通过制度文化让师生员工明确校园物质文化的价值、功能和对其保护的必要性,防止人为破坏;通过制度文化的熏陶让大学生养成习惯,受到教育,由不自觉搞破坏到自觉保护。"学校通过各种规章制度告知师生,学校鼓励什么、限制什么,禁止什么,通过奖罚激发师生的责任感、荣誉感和羞耻感;引导学生把高尚的动机转变为正确的行为"。[①] 校园文化所形成的校纪、校规、校风、校训等,是为全体师生共同创造、认可并自觉遵守的,表现为一定的纪律和规范,它要求师生的思想行为必须符合这一规范,凡是符合校园文化建设规范的行为必将得到鼓励和肯定,而违背校园文化建设规范的行为则会受到人们的谴责。

第二,积淀功能。大学治理从表现上看是制度本身,但其本质却是大学制度的"灵魂",即大学制度的文化属性。大学制度区别于一般的社会组织制度,区别于政治、经济乃至一般的文化制度,它是一种文化的积淀,体现着大学之所以为大学的精髓。从一定意义上来说,大学制度是大学精神文化的延伸和具体化,包括大学章程、发展战略、组织和领导以及关于教学、科研、服务等各种管理制度、行为规范。这些维系大学良好办学秩序的制度及其认同度、贯彻执行情况,构成了在大学文化的制度文化形态。制度文化体现着一种科学、民主、宽松的价值取向,也是校园文化精神的制度体现,就像一种无形的力量,督促着学生在其内心深处形成以制度为一切行动指南的文化价值规范。学生对制度的解读和践行的过程,就是受教育者"文化化"的过程。这一过程,也就是发挥制度文化所具有的认识导向、情感陶冶、行为规范作用。

第三,保证功能。大学文化是制度文化和非制度文化融合的复合体。制度文化具有强烈的、鲜明的规范性、组织性,属于校园范围必须强制执行和严格遵从的文化类型,如培养目标、教学制度、校规校纪等。由于人们只

[①] 张正华:《强化民族院校校园文化德育功能的思考》,《广西右江民族师专学报》2004年第4期,第106—109页。

在所处的文化中习得文化,人们的信仰也是以自己所处的环境为条件的。因此,大学生的发展和完善并不是完全能自然实现的,制度文化是大学教育得以顺利进行的保证。哈佛大学就是教学制度文化造就的世界一流大学,自1860年以来历任校长都未停止过教学制度的改革。牛津、剑桥也是如此,它们都是学院制度和导师制度的成功结果。制度文化虽具有强制性,但一经校园主体认同并被其内心接受,就会成为师生自觉遵从和维护的、无须强制便能发生教育影响的精神要求。正如美国学者P.K.博克所说:"制度文化有一种似非而是之处,它通过约束人的行为而使人获得解放"。[①] 因此,文化制度文化建设要侧重于通过在校园中规范师生行为,营造出一个良好的教学、研究氛围,体现一个学校的教、学、研特色,制度文化建设是独特大学文化建设的基础性工作。

第四,促进学生的自我管理功能。学生自我管理的获得与学校制度文化建设紧密联系,受学校各项制度影响,其具有科学性、可操作性,可以使学生对外在的集体要求和对内在的自我认识通过调节和控制达到和谐统一,从而强化学生在对象性的要求,实现自我管理。以达到制度育人的最佳效果。简而言之,作为管理范畴的校园制度文化,是校园文化价值观念的具体化和规范化,它通过各种规章制度,直接规范和约束学生的思想和行为,使学生知道什么能做、什么不能做,从而抑制学生的错误行为,促使其转变为正确的行为,并逐渐转化为自身的习惯,内化为自觉要求。正像世界著名哲学家萨克雷讲的那样:播种一种行为,收获一种习惯;播种一种习惯,收获一种性格;播种一种性格,收获一种命运。这里的播种就是一所学校的制度。制度文化就是创设一种能唤起学生高尚的情感、激发他们健康成长的文化环境、教育环境、精神氛围来感化和陶冶学生以致达成深层次育人功能。

(四)大学活动文化与行为文化的道德养成功能

大学文化内涵十分丰富,我们无法全部列举大学所有文化形态及分析

[①] 眭依凡:《教育发展理论研究》,高等教育出版社2001年版,第437页。

其功能。除以上提物质文化、精神文化、制度文化等大学主要文化形式之外,大学的活动文化及行为文化也是大学文化的重要组成部分,对大学生道德养成具有直接或者间接的重要作用。

1. 大学活动文化及其道德养成功能

大学活动文化是指大学通过各种活动倡导及表现的大学文化价值及行为方式,这是大学文化的重要特色,是校园文化的血液,是校园文化动态的外在表现。它能展示学校风貌,反映师生的精神状态。它包括各类富有育人意义和文化内涵的活动。如文化艺术活动(文艺晚会、辩论赛、艺术节等)、学术活动(学术讲座、学术报告、科技节等)、社团活动、社会实践活动(社会调查、社会服务等)、体育活动等,这些活动具有内容广泛、形式多样、参与自由、潜移默化等特点,非常适合新形势下大学生的心理特点。校园文化活动常常潜移默化在思想道德、政治观念、心理素质、行为方式、价值取向等方面对大学生产生影响。

大学活动文化对大学生道德养成主要有如下功能:第一,大学活动文化是培养大学生道德行为习惯最现实的路径。良好的道德行为习惯是道德教育的落脚点和最终要求,没有道德行为的表现和积累,就不可能形成稳定的道德品质。但是,提供良好的行为实践条件,实践适宜的道德行为引导,对于促进道德认识迅速转化为道德行为,养成良好的道德品质,具有不可低估的作用。道德规范不能够自动作用于人,也不能只用间接经验传授于人,而必须让人们在活动与交往过程中,亲自去感受去体验,才能内化成自身的品质。同时人的道德品质与人生信念,必须经过实际的笃行才能牢固。现代心理学认为,活动影响到人的个性、思维、情感、意志和对生活的态度。在蓬勃开展的校园文化活动中,逐渐形成、不断丰富的精神环境和文化氛围,使生活于其中的每一个个体在思想、情感、行为方面产生不自觉的趋同和助长作用。青年大学生既需求精神安慰思想、观念的寄托,情感的抒发,以化解内心矛盾的冲突;又有意无意地拒绝灌输、排斥权威。而对以他们自身为主体、丰富生动的校园文化生活,常常表现出极大的热情具有很强的参与意识。校园文化活动恰当而充分地给大学生提供了广泛的参与市场。校园文化活动为大学生提供了抚慰心理、宣泄情感、释放心理能量、平衡心态的途径,帮助大学生进行心理的自我调适。① 第二,大学文化活动可以促进大学生明确学习的方向,激发上进心。大学文化活动特别是学习类的活动,对促进大学生明确学习方向,激发上进心具有重要作用。学习类的大学文化活动,如演讲比赛、辩论比赛、知识竞赛、学术讲座等等,无论是参与的学生、观摩的学生,在这个过程中对发现自身弱点、差距,激发上进心,是非常有帮助的。第三,大学活动文化可以促进大学生对社会角色形成自己的理解,促进大学生对社会的体验。学生参与校园文化活动的过程,就是把德育付诸于实践并内化为人的品格的过程,是认识自我、了解社会、锻炼品质、提高素质的过程。为此,必须借助于实践这一桥梁,通过有效的实践活动,实现道德知识的内化,并转化为信念,外化为行动,成为个性的有机组成部分。

　　大学各种文化活动对大学生道德养成都具有重要作用,如锻炼意志、培养习惯、矫正行为等。相对而言,大学公益性活动的德育功能更加突出,因为公益活动具有明确的德育目标、具体的实施及培养方案,对大学生道德价值观念及行为习惯的形成具有直接影响与作用。通常情况下,大学主要公益文化活动主要有如下几方面:第一,"关爱他人"方面的公益性活动。例如开展帮助特困生、残疾生等渡过难关,顺利完成学业的实践活动,在学生中营造一种"和谐、友爱、协调"的人际氛围,有益于学生优秀品德的养成、身心健康的培育。第二,"管理服务"方面的公益性活动。例如开展维护公共秩序的实践活动,包括公共活动秩序、公共生活秩序、公共学习秩序等。学生参加维持秩序,对学生来说提出了更高的纪律要求,更有利于遵纪行为的养成。在公益性活动中,充满了道德行为养成训练的痕迹,也同时洋溢着顾全大局、团结协作、无私奉献的精神。第三,服务式社会实践活动。通常表现为知识性的和非功利性的,如:文艺演出服务、家电维修服务、法律咨询服务、卫生常识服务、心理诊断服务等。在社会服务的实践中,不仅能培养学生的社会服务能力,更主要的是能培养学生的社会服务意识,体会社会角色的意义,接受来自劳动人民群众中的人文、道德教育,养成有利于社会、有

---

① 吴永强:《发挥高校校园文化活动的心理健康教育功能》,《高校理论战线》2007年第9期,第40—42页。

利于他人的精神。诚如高占祥教授的观点所提的"开展校园文化活动的过程,实际上就是学生自我表现、自我教育、自我管理、自我提高、不断社会化的过程"。学生在实践活动中把理论知识与人生际遇、社会现实联系起来,对道德知识进行修正、充实、完善、提高,让道德认识一步一步由低级向高级发展。鉴于此,通过校园活动,让学生的道德情操得以升华,道德意识得以增强,道德行为得以规范,道德观念得以逐步形成和稳固,从而主动地养成良好的道德品质。

2. 大学行为文化及其道德养成功能

所谓行为,是指人们为了满足某种需要而自觉进行的有目的的活动。也可以说,行为是人们通过内在的生理和心理作用而产生的,自觉进行的感性及理性活动,是人和环境相互作用的产物和表现。目的性和自觉性是人的行为的重要特征。行为文化,直接源于人类由野蛮时代进入到文明时代的文化行为,这里的文化行为泛指人类具有文化意义的行为。行为文化是人类长期、丰富、进步的文化行为积淀下来的行为方式、行为心理、行为动机、行为习惯等文化要素的总和。在人类社会体系中,每一种行业都有其自己的行为文化,企业有企业的行为文化,政府有政府的行为文化,大学有大学的行为文化。

大学行为文化作为一种特殊的文化形式,是指大学师生员工在教育教学、科学研究、学术交流、学习生活、校务管理、文化活动、娱乐休闲等实践活动中所表现出来的、产生的精神状态、行为操守和文化品位。大学行为文化鲜明地反映了大学的办学理念、精神状态、价值观念有人际关系的动态折射,大学行为文化既是包括高等学校和大学人对大学设立的基本要求、办学的宗旨及方向、人才培养质量标准的认知和体现,也是包括大学人对国家、社会、大学的发展传统、价值取向、道德标准、利益规范等一系列观念体系的认知与体现。大学行为文化是大学人身上的具体体现,主要指师生的行为习惯、生活模式、各类群体(社团)活动以及在此基础上表现出来的校风学风等,是大学文化的行为载体。

大学行为文化最直观的表现形式就是大学作为一个主体的行为方式,具有团队性、普遍性的特点,区别于社会其他行为文化。真正意义的大学行为文化一旦形成,对大学生道德养成也具有多项功能。第一,引导及示范功能。大学作为研究和传播知识、学问的专门场所和先进文化的传播阵地,大学行为文化的核心应该是"学"和"行"。"学"包括教师的学识、学生的学风,也包括大学教学科研行为中的学术规范和学术创新。"行"不仅仅是大学人日常学习、工作、生活中的交流、交往和待人接物,更重要的是在价值观影响下的行为方式以及为社会提供的行为示范模式。青年大学生求知欲强,对所有事情都有新鲜感,无所不在的大学行为文化在无形之中,一定会对大学生产生引导与示范功能。当然,大学好的行为文化对大学生产生积极影响,不好的行为文化对大学产生消极作用。这就是人们通常讲的"近朱者赤,近墨者黑"。第二,行为塑造功能。从人们成长的实践来看,人们的道德养成总是在一定行为过程中实现的,行为方式对道德养成具在决定性的作用。我们好多人都熟悉这样的一个故事,讲的就是一个小孩在很小的时候偷了人家的鸡蛋,他的父母不仅没有批评他,反而把鸡蛋煎了奖励他,后来这个小孩沦为了一个盗窃犯。这个故事说明了父母的不良诱导给孩子带来的严重后果,说明了行为方式对一个人的道德养成具有决定性的一面。行为方式是道德养成的行为载体。任何一个人的道德养成都不可能是一蹴而就的,它是一个需要反复实践、反复权衡、反复选择的过程。人的行为方式是道德养成的"土壤"。当前一些大学生出现了一些不良道德表现,我们更多的是关注结果,而没有分析培育果实的"土壤",没有深入探究不良道德表现背后的不良行为方式的根源。因此,我们在大学生的道德养成教育中,要注重大学生行为的教育和引导,使学生养成良好的"习惯"。它包括大学生良好学习习惯的养成、良好生活习惯的养成以及良好公德行为的养成。第三,情感升华功能。伟大的教育家陶行知指出,"生活与生活摩擦才能起教育作用"。道德品质的形成离不开道德实践、离不开活动与交往。道德规范不能自动地作用于人,也不能只用间接经验传授于人,必须让人们在活动与交往过程中,亲身去感受和体验,才能内化成自身的道德品质。现在教育界越来越重视"体验式教学"、"研究性学习",其来源就在于人的行为(直接经验)对人的发展所起关键作用。大学生在道德实践活动中,根据不同的道德情景,通过实践把道德认知与人生际遇、社会现实联系起来,推动他们的道德认知一步一步地由低级向高级发展。在与社会生活的紧密接触中，通过各种互动使大学生的道德情感得以升华，道德意识得以增强，道德行为得以规范，道德信念得以形成和巩固，从而主动地养成良好的道德品质。

三、大学文化的建设

中国具有现代意义的大学大约有百年历史，有传统也有文化。但受多年战乱、政治运动、市场经济取向等因素影响，我国大学文化出现衰微之象，建设真正的大学文化，是大学走回正道之必需。

（一）我国大学文化衰微的主要表现

1. 大学精神文化实用化

早期的大学，无论是我国还是西方，都是崇尚人文的，当时自然科学尚未形成独立的学科。我国自古有悠久的人文传统和丰富的人文资源。只是到了近代以来以至当代，由于面对西方列强的坚船利炮并伴随"科学救国"的急切动机，以及在市场经济大潮下发展高等教育，过分强调科学教育，才使人文教育受到人们的误解，以为它对社会的发展不会在短期内产生明显经济效益，从而导致大学人文精神的失落。大学校园成为了商战的练兵场。直销、传销、代销，各式商业广告在洁白校园墙上狂轰滥炸。如果说当前我国大学生缺乏人文素质的话，那么，它的根源就在于我国大学文化品位不高。

从本质上来说，大学是一项面向未来的事业。大学的可贵之处在于它的批判精神，这是大学的灵魂，也是大学赖以生存和发展的价值所在。通过批判，使人们的思想更加趋于理性，离开了它就偏离了大学的目标和宗旨。"大学要创造新的人类文明就要为了真理而追求真理，追求真理本身就是目的，因此它天然地反对功利，与社会即时的、功利的需要保持一定的距离。"[①]

[①] 王英杰：《论大学的保守性——国耶鲁大学的文化品格》，《比较教育研究》2003年第3期。

但是，由于历史和现实原因，中国大学的精神文化层面的实用化倾向明显。究其原因主要有三个方面：一是外来高压强化了大学的工具价值。中国大学在建立伊始，就被赋予培养救亡人才的历史使命，教育救国和实业救国一样，都体现了急功近利的急迫心情。新中国成立，百废待兴，要求高等院校迅速培养能够直接参与国家建设的实用性人才。其结果，一方面是取得了一定成效，但同时也进一步强化了中国高等教育的功利性色彩，高等教育近乎专业训练，大学成为完成国家计划的执行机构，缺少或者没有自主权，毫无特色和独立个性可言。二是市场经济诱发了大学的趋炎附势倾向。随着我国由计划经济体制向社会主义市场体制的转变，大学的办学自主权扩大，但是，当前社会上到处充斥着功利主义，大学过分紧密地围绕市场运转，学术研究的功利性明显，主体性丧失，大学理想衰落，甚至出现了急功近利、实用性凌驾于学术性的现象，严重侵蚀了大学之所以为大学的那种"学术自由"的品格和精神，大学也逐渐失去了其自身存在的价值。三是大学不得不承担了部分政府职能所致。当前的大学不得不承担部分的政府职能，如必须安排相当数量的勤工俭学岗位、提供贫困生助学金、推动就业工作等，使大学越来越像政府，更凸显其工具性。虽然大学一定会存在工具性，但是大学从其产生到发展都是以其价值性为存在的魅力的。

2. 大学制度文化官僚行政化

两千多年的封建专制制度和新中国成立后实行的高度集中的计划经济体制给中国大学发展打上了深深的历史烙印，官僚行政化气息和官本位思想非常浓。尽管1998年颁布的《中华人民共和国高等教育法》曾明文规定大学享有七项自主权，在法律上享有独立的法人主体资格，但事实上，一直以来，大学并没有真正成为独立的法人主体，大学得向政府拿钱，因此，政府要管大学，大学很多时候不得不看政府的眼色行事。教育行政主管部门也事无巨细管大学，如计划科研体制、高等学校评估等制度使大学缺乏应有自主权、缺乏自我发展的内在动力。此外，大学内部实行政为主导的管理模式，大学不像学府倒像是一个政府行政机关。大学的主要资源掌握在大学内部各个行政部门手上，教授争先恐后去"做官"，在深圳甚至还出现"四十个教授竞争一个处长岗位"的现象，行政职位比教授职位具有更加强大的吸引力。"校级干部一走廊、处级干部一礼堂、科级干部一操场"是我们中国大学一个基本的现实。大学的资源配置、政策制定与发展思路,一般都由行政主导,教授很难发挥实质作用,更加剧了大学的行政与官僚化。大学制度深厚的行政色彩与其在社会改革中应有的先锋作用是完全不相匹配的。

大学文化本来应该体现民主精神、科学精神、理性精神,大学还是创造先进思想与文化的前沿阵地。大学制度文化的行政与官僚化,本身与大学文化精神是格格不入的。同时,制度文化行政官僚化,讲究论资排辈、讲究领导与服从,不利于学术研究、文化创新,也不利于培养现代公民。

3. 大学文化发展理念简单趋同化

大学之所以为"大",在于它深厚的文化底蕴。然而,当前大学文化发展中一个突出的问题是简单化理解大学文化,把大学文化等同于校园文化,校园文化又等同于学生的社团文化。因此,所谓大学文化建设,就被认为是活跃学生的文化生活,为大学社团提供更多的活动经费即可。真正对应该对大学文化发展具有重要作用的教师们除了上课外基本缺位。大学发展的生机活力和竞争力就在于多样化。大学如此,大学文化也应如此。此外,大学文化发展的理念趋同化,大学文化也趋同化。目前我国绝大多数的大学发展理念思路基本一样,比如追求学科专业的大齐全,学位层次的大完整,招生数量的大规模,科学研究的大项目、大成果、大奖励等趋同化倾向。与此相应,大学文化的趋同化倾向也十分严重,如一讲到精神文化,基本上都是"三个代表"、"科学发展观"进课堂;一讲到制度文化,基本上都是制定校纪校规;一讲到环境文化,就是耗费巨资种草种树、扩建校区。

大学发展理念简单趋同,使大学缺乏特色,缺乏特色的大学实际上就是缺乏文化,缺乏文化的大学是不可能培养出德才兼备的优秀人才的。大学发展理念的简单及趋同,表现在大学物质环境是各上千校一面,建筑风格一样、校园绿化一样、道路设计一样等等,能以建筑体现大学精神的少之又少,走进一所中国大学,基本上也算是走进中国大多数的大学。表现在学校管理及学科建设上,也基本大同小异。在我国,与政府一样,各大学相关系统之间非常热衷于互相学习借鉴,各校后勤管理一样、各校相同专业课程设置相同、各校行为方式也无差异。互相学习借鉴是个非常美丽字眼,但从另一个角度来讲,总是"学习借鉴"别人的做法与经验,也是一种不动脑筋、不求进取的表现。大学就是要有批判精神,就是要学会独立思考!如果大学只懂得照抄照搬别人的做法,自己没有一个发展的价值观,自己不懂得思考,那么大学靠什么去培养学生的价值观及思考能力呢?

(二)建设优秀大学文化精神涵养学生道德

大学文化具有特殊性,大学文化建设是个复杂的系统工程,大学文化建设还是一个长期的过程。大学没有自己独特的文化是可怕的,真正有文化的大学,才可以培养有文化有修养的大学生。在文化衰微的时代,理性分析与研究大学文化及其问题是必要的,但在科学理论指导下实实在在进行大学文化建设更加重要。当前我国大学文化的建设,不论是精神文化、物质文化还是制度文化等,看起来虽然都很复杂,但如果我们去繁从简,也还是能够找到一些共同的路径的。最基本的有两点:一是正确选择一种大学文化价值理念;二是大学文化理念的引导与确立。在这个过程中还要进行各种制度设计与创新。以优秀的富有特色的大学文化塑造、涵养大学生良好的道德品格,可达事半功倍之效。

1. 大学文化价值理念选择

俗话说:"蓬生麻中,不扶而直;白沙在涅,与之俱黑。"古人又云:"近朱者赤,近墨者黑。"可见环境对人的作用是十分重要的。环境分自然的物质的环境与文化的精神的环境两种,都对人的成长具有重要作用。现在的大学,物质性的绿化美化都非常好,无疑是给大学生提供了一个良好的成长环境。而作为读书人的大学生来说,更深层次的需要并能对其成长发挥关键作用的还是文化精神环境。因此,我们应该更加重视创建良好的大学文化精神环境,培养大学生的道德价值观念。

(1)大学文化价值要体现以先进的教育理念

"教育理念是教育主体在教学实践及教育思维活动中形成的对'教育应然'的理性认识和主观要求。"[①]台湾中原大学校长张光正指出:"所谓

---

① 眭依凡:《简论教育理念》,《江西教育科研》2000年第8期。

第五章 文化涵养：价值根植

'理念'乃是共同分享的价值观，有理念即有方向感，即有目标性；有理念方有准绳、方有标杆。"①李萍、钟明华教授则认为："教育理念是关于教育发展的一种理想的、永恒的、精神性的范型。教育理念反映教育的本质特点，从根本上回答为什么要办教育。"②虽然理论界对教育理念理解角度有所不同，但教育理念对任何办学活动而言是一个客观存在。一所大学必然有着自己鲜明的教育理念或者教育精神，这个理念应当凝聚和浓缩这所大学的风格、文化品位和人才培养特色。它不仅具有陶冶人、鼓励人的功能，也能起到规范人、指导人的作用。这是大学的基本价值，也是大学办学的前提条件。大学的教育理念确定办学的目标、规范教育者的行为、引导受教育者健康成长。

现在人们所讲的先进的教育理念，有的说要具有时代特征，要随时代的进步不断转变的。有的说必须要符合教育规律。一要树立科学的发展观；二要树立现代的质量观；三要特别处理好规模与质量、投入与产出、统一性与多样化、成人与成才、规范管理与改革创新、大众教育与精英教育等关系。这些说法看起来冠冕堂皇、面面俱到，也没有什么不对。但从实际上讲没有任何指导操作意义不说，甚至很多经常这样讲的人也未必明白这些含义。真正先进的教育理念其实并不复杂，只要我们任何时候都以人为最初的和最终的目的就可以了。潘光旦先生认为：教育必须以每一个人为目的，必须在每一个人身上着手，教育的主要目的是为了完成一个人，教育的最大目的是为了促进个性发展，教育的最终目的是让受教育者完成"自我"，把自我推进到一个"至善"的境界，成为"完人"。专家人才必须完成人的教育后才能成为完整"人"的意义上的专才，否则只能是优良的工具。潘光旦先生尽管是在20世纪三四十年代提出这样的教育理念，对当今教育技术化、教育工具化、教育政治化的时代，更加具有振聋发聩意义。

虽然我国大学教育的目标非常明确，即要培养"有理想、有文化、有道德、有纪律"的建设者和接班人，但这"四有"的抽象的宏观目标就需要各个

---

① 黄俊杰编：《大学理念与校长遴选》，台湾通识教育学会出版社1997年版，第1页。
② 李萍：《教育的迷茫在哪里——教育理念的反省》，《上海高教研究》1998年第5期。

大学在办学实践中具体落实。由于每所大学的区域不同、文化积淀有差异、学科及师生特点甚至校园环境各都不一样,再者教育是做人的工作,与标准化的车间生产是完全不同的。所以每所学校的办学的模式、人才的特点、体现的价值也就不完全一样,这就是特色,也反映出不同的办学理念。大学的领导者在国家教育方针的指引下,结合自己学校的特点,体现其个人的社会、学术、实践背景及其对教育的理解而形成的教育理念,是大学成功教育的基础。因此,大学的领导者首先要懂教育,只有教育家才能够真正办好大学,不懂教育的人或者把大学当政治办的人是注定办不好大学的。大学的教育理念在大学教育的实践中具体表现为各个学校的规章制度、管理措施及校园文化等等。

(2) 大学文化价值要体现大学人的共业

大学文化价值通过大学文化精神体现,大学文化精神是大学人的共业。大学文化精神,是教师、学生和管理者共同传承和创造的精神成果的总和,是大学区别于其他社会组织的重要象征,是一所大学赖以生存和发展的重要根基和不竭动力,是大学的精神和灵魂。大学精神,是大学在长期的教育实践中积淀的最富典型意义的精神特征,它与学校独特的历史、地理、文化环境密切相关,是学校整体面貌、水平、特色以及凝聚力、感召力和生命力的体现,是全体师生员工共同的价值追求,是引导学校走向,塑造学校品格的立校之本。每所大学的精神,不一定有一个统一的模式,但体现大学文化精神的核心价值是一致的,那就是:民主的作风、科学的机制、人性的管理、自由的氛围。大学是教师、学生及管理人员共同生产现代思想、创造先进文化、培育人文精神的特殊场所,因此,大学的风气、大学的管理、大学的思想必须反映民主、科学、人性、自由这些人类文明的普世价值,这是大学区别于世俗社会并成为广大青年共同向往的理想圣地的根本前提。如果大学行政化、学术官僚化、教育任务化、思想格式化——大学仅仅是社会的翻版,在思想、文化、管理、制度等等方面与世俗完全同伍,那么大学就不可能真正对广大青年产生吸引力。

大学文化精神对所有大学人特别是青年大学生道德养成教育的意义十分重大。首先,大学文化精神体现道德价值追求,有利于增进学生对道德价值目标的认同感。一般而言,大学的文化精神与大学道德价值追求是一致的,文化精神强大的熏陶和感染作用使大学生在日常学习生活中自然而然接受并认可学校的道德价值理念。学生价值观念的形成,便是其自我运动发展的源动力。学生在大学接受文化精神熏陶所形成的精神动力,不仅会对他的学习产生影响,而且会对他的生活和将来从事的职业产生影响。其次,大学文化精神还直接培养大学生良好的道德行为习惯。一个有自己清晰发展理念和独特文化精神的学校,都会以其深厚的文化传统,丰富的人文景观,博大的人文精神,陶冶青年学生的道德情操。大学文化精神的具体的表现就是大学人优雅的风度、文明的行为、优良的学风、奋发的精神等等,这些充分表现大学文化精神的大学人的行为和生活方式,本身与大学生的道德行为要求是完全一致的。可以说,有大学文化精神作为基础,大学生道德养成就会事半功倍、水到渠成。

近年来,我国很多高校都比较重视培养大学的文化精神。尽管建设怎么样的大学文化精神,怎么样建设大学文化精神,因为各校特点不同自然各有不同的理解和做法。但一所高校是否具有大学文化精神,其标准是一样的:就是大学能否成为莘莘学子魂牵梦绕割舍不断的精神家园。这样,学生以学校为家、以学校为荣,在价值上能够认同大学的理念和精神,行为上自然能够符合体现大学文化精神的规章制度及道德要求。反之,如果大学不能以其大学文化精神对学生产生应有的吸引力,学生厌校、学生厌学,不能认同大学的教育和管理,就必然使其行为与学校要求产生矛盾和冲突。

就现实情况来说,我们不能不承认,有些高校尽管对建设大学文化精神讲得很多,似乎也做了不少,但是仍然不能建设一种对学生有吸引力的大学文化精神,使他们在入学前满腔热情,而在入学后大失所望。有人描绘大学生在饭堂吃饭见到菜虫的不同反应应该能够说明一些问题:大一的学生气愤地去质问饭堂工作人员,积极向后勤集团提意见;大二的学生倒掉青菜吃其他菜;大三、大四的学生则挑出虫子,拨开,继续进食。另外,还有人说,在一部戏剧中,大一学生是主角,大二学生是宣传者,大三是评论者,大四是观众。这里我们要提出的问题是:为什么我们的大学生在大学期间不能始终如一地做主角?不能始终如一地关心学校的建设和发展?显而易见,我们的大学生从大一的满腔热情到后来的麻木不仁,我们的大学生对我们的大学从满怀希望到缺乏信心……似乎没有人认真去总结过!事实上,最根本的原因就是我们的高校没有培育出对学生有吸引力的积极健康的催人奋进的大学文化精神。可以说,大学的失败,就是没有大学文化精神!

2. 大学文化价值理念的引导与确立

一所大学选择一种正确的文化价值理念,只是大学文化建设的一个基本前提。引导与确立这种文化价值理念,并成为全体大学人的共识及行为方式,才是最根本的目的。

(1)共同的价值理念与行为方式及其教育作用

我们认为,大学不仅要有明确清晰的文化价值理念,而且这样的文化价值理念要成为所有大学教职员工的共同理念。也就是说,大学的所有教职员工,都要明确大学办学的目的、方法及途径,每个人都能够正确回答"为什么办大学、如何办大学、培养怎么样的人"的问题。大学是广大的教职工共同从事的一项教育人的事业,必然要求每个员工懂得这个事业。甚至饭堂工人、环卫工从、修理工人等,虽然不懂得什么是教育,也不懂得什么是价值理念,但也必须培训,至少其在大学工作的行为方式必须规范,并作为大学教育环境的一个组成部分。通常而言,大学新生入学时,学校会针对学生进行比较系统的校规校纪教育,目的就是让学生了解大学生活的特点,了解有关学校的规章制度,明确发展目标,固然是有必要的。但更为重要的通常也被好多大学所忽略的是:大学还要对在大学从事教学、管理、服务工作的所有教职工进行教育理念的教育——首先要了解这个大学的办学理念;其次,就是要认可这个大学的办学理念;再次,就是通过自己的岗位工作体现这样的教育理念并促进教育目标的实现。这样,每个教职工都将自己的工作与"教育"这样的事业有机结合起来,并通过自己的工作及行为方式表现出来,就是一种敬业精神、事业精神,这也就是一种大学文化精神,是大学的灵魂。共同价值理念及其行为方式的形成,营造了大学良好的教育环境,能够形成一种教育合力,产生正向浸染作用,促进大学生的健康成长。反之,如果大学的教职工把大学仅仅当做是混饭场所或名利场所,没有共同承担重大教育责任的理念,没有共同努力实现大学教育目标的自觉性,行政与教学互不认可,各个系科专业各自为政,缺乏共识,大学是不可能取得成功的,学生也不就可能健康成长!我们可以想一想:大学生在课堂上接受的是一种思想,在行政部门接触到的又是另外一种观念,在管理部门更是听到完全不同的一种声音,学生应该相信谁?学生应该如何选择?如果我们的大学自身的价值理念混乱了,如何能让学生价值不乱?如果我们的大学自身没有一个很好的行为方式,如何让学生培养良好的道德行为习惯?我国目前缺少世界一流大学,很大因素就是把大学当成高级职业介绍所的功利取向,而不是把人的成长及发展作为首要的价值,很多的学校没有人文、没有灵魂、没有文化、没有精神、没有理念……自然不可能一流!

(2)价值导向与制度设计

价值与制度的辩证统一的关系,从学理上比较容易讲得清楚。但在实践中的应用,即如何通过制度设计引导价值构建,则需要不断的尝试。

其一,价值与制度的关系

从根本上说,大学的文化精神属于意识形态的范畴。根据历史唯物主义的基本原理:社会存在决定社会意识,社会意识对社会存在具有能动的反作用。社会存在的性质决定社会意识的性质,社会存在的变化决定社会意识的变化,正确的社会意识促进社会存在的发展,错误的社会意识阻碍社会存在的发展。社会意识与社会存在关系在现实生活中一般表现为社会价值理想与社会制度的关系,在大多数情况下,社会价值理想与社会制度之间是一种辩证统一关系,即价值观引导和规范着制度的基本模式,而社会制度的正常运转是一个强化人们价值观念并逐步实现其理想的过程。中国共产党领导人民进行民主革命,就是要通过革命推翻旧的制度建立新的制度并通过新的社会制度以实现社会主义共产主义社会的价值理想。如果制度衰败堕落到背离了社会价值目标并产生尖锐矛盾的时候,价值危机就会在社会中显现出来。这是人们通常讨论的价值危机、信仰危机的根本的制度原因,解决问题的根本办法还得从制度的完善或重建入手。因此,要建设大学民主、科学、人性、自由的大学文化精神,除了大学的领导团队具有这样的意识并充分利用大学的各种传统文化资源之外,还要建构大学文化精神的生成机制。这种机制包括民主科学的行政管理机制、自由开放的学术活动机制、亲切人性教育教学机制、兼容并包的思想文化机制等等。必须指出,大学的文化精神不仅仅是针对学生而言的,而是个统一体,作用于包括教师、行政管理人员在内的所有的大学人,整个大学形成特定的文化精神,整个大学人都具有特定的文化精神,才会对学生产生教育作用,才能有效培养大学生良好的道德行为习惯。

其二,大学文化价值理念的形成与制度设计例析

第一,校训

1999年中华书局出版的《辞海》把校训解释为:"学校为训育上之便利,选若干德目制成匾额,悬之校中公见之地,是校训,其目的在使个人随时注意而实践之。"通俗地说,校训是一所学校为树立优良的校风而制定的要求广大师生共同遵守的最基本行为准则与道德规范。校训既反映学校办学理念、治学治校精神,也是校园文化建设的重要内容,是一所学校教风、学风、校风的集中体现,是一所学校的重要文化标志。

大学校训是大学文化精神最重要的载体,是文化德育的重要形式。大学的校训是一种价值引导、文化训育。校训是一所大学的灵魂,是贯穿在大学群体中每一个成员每一项活动中的精神。"大学校训是大学管理者的精神,是大学教师的精神,是大学生应该具备的精神,也是教学内容、教学过程、教学方法及各种团队活动所着力培植的精神"。[①] 大学校训真正的意义就是成为大学人的思想价值取向及行为模式。如某大学以"仁、勇、智"为校训,就是倡导这种文化及培养这种精神和品格,每当新生入学,校长将校训的内涵一个个给学生解读:仁,就是要容忍一些不可改变的东西;勇,就是努力改变那些可以改变的东西;智,能够改变什么、不能改变什么,学会正确选择是一种智慧。这样,校训的精神与理念首先在学生心田种下,再经过大学四年的精心培育,当走出校门时这种精神与品格已经形成。又如,西方某著名军校,因为曾经培养二战期间众多足以改变世界历史的著名将领,有校领导在学生开学典礼上讲话指出:我们学校只培养两种人,一种是已经改变世界历史的人,二是即将改变世界历史的人。虽然有些狂妄,但对学生来

---

① 徐吉洪:《大学校训的文化特征及功能》,《阴山学刊》2006年第1期,第112页。

说,是怎样的一个震撼与豪情!又如,清华大学出自《易经》的校训:"天行健,君子以自强不息;地势坤,君子以厚德载物";中山大学:"博学、审问、慎思、明辨、笃行"的校训等,反映学校独具特色的文化价值理念,对青年大学生的成长具有重要作用。

校训是一种制度存在并发生作用。如前所述,校训除了作为大学文化精神的载体,同时也是一种制度存在并发生作用。一所大学,有校训本身就是一种制度;同时为了发挥校训的作用,还设计有诸多相关的制度。如大学的学生管理制度、教师行为守则、后勤服务规程等等,都基于校训所集中反映的大学理念而设计的。同时,大学校训的解读、宣传、布局及形式,都是一个发挥作用的教育过程。可以认为,校训内容不好,无法发挥教育作用;学校制度设计与校训的理论不一致或者不配套,校训同样无法深入人心并发挥作用。因此,既要有好的校训,又要有好的制度,两者同等重要。

第二,"学生评教"及导向问题

"学生评教",是指学校组织学生评判教学效果的活动。它原本是为了帮助教师改进教学实践,现在在我国高校则作为一个普遍性的制度广泛用于支持人事决策。开始时候,"学生评教"只是作为多项教学评价指标之一,通常是领导评价、同行评价、学生评价之一,但高校扩招后教师教学任务繁重,领导及教师能够互相听课评课已经逐步变成不可能,使得不少学校在教师教学水平评价中,将领导及同事评价两项指标都省去,学生对教师的评价变成了唯一指标。这样,"教师上下岗学生说了算"、"老师年终奖金学生说了算"在一些高校变成现实。上海某高校的几名教师由于在学校实施的网上评教中,被学生打了最低分而失去了晋升高级职称的资格。据记者了解,该校早已经发文,被评为"D"等,将对教师职称具有一票否决的威力。[①]

我国各方面改革非常流行"与国际接轨","学生评教"也是所谓"国际接轨"的产物,当然好多所谓"与国际接轨"是选择性的,并不真实和完全。潘艺林教授的研究认为"学生评教肇始于20世纪20年代的哈佛大学,兴盛

---

① 董川峰:《东华大学:学生给老师打分 吃"D"教师无缘晋升》,《新闻晨报》2004年2月20日。

于高等教育大众化后期。它产生于市场经济发达的美国,这很正常。但如果认为美国的大学里,学生的意见像在中国的学校里这样具有决定的意义,那就是想当然了。事实是,他们对中国的极端做法表示难以理解"。"对于国内有关人士津津乐道的'评优罚劣,现在由学生说了算'、'学生罢免教师'等所谓'制度创新'或'新招',他们无不表示震惊,用他们的话说,那就是'terrible'(恐怖)、'dangerous'(危险)。他们的做法是,坚持学生评教但不过于看重或依赖于它,我们则喜欢简单、干脆,把事情做到极端。"①此外,学生评教的科学性也还有诸多值得论证的地方:首先,学生的知识、经验、能力不足以科学准确评价教师的工作。教师是个复杂的工作,也有相当严格的资格准入条件,必须要经过专门训练的,而且如果缺乏相关知识与技能:如教育学、心理学生知识、普通话水平等,是不能做教师的。学生对教师的教学工作有些感性的认识所做的评判,并不能保证是符合教育教学规律的。其次,学生的功利取向也很难保证其对教师工作的客观与科学评价。在功利的社会中,谁能够保证学生不受功利影响?"60分万岁"在精英教育时代都已经叫得震天响了,更何况教育产业化、市场化时代!根据笔者的观察与研究,发现这么一些现象:不严格考勤的教师分高、考试划范围容易通过的教师分高、不批评学生的教师分高。这种情况是好事还是坏事,不用说明白人一看就懂。再次,学生评教及其意见还有被滥用的可能,学生成为个别人员随心所欲地玩的一张王牌:对教师可以是最后判决,也可以是一文不值。综合看来,如今我国高校"学生评教"的科学性本身还存在一些问题。

高校"学生评教"制度的科学性问题我们没有必要再作更深入讨论,但这个制度及其导向所产生的影响是非常巨大的。一方面,是颠覆和解构了传统的师生关系。传统的师生关系本身体现了教育教学的规律,即教师是教育的主体,学生是教育的客体,这个基本关系是不可改变的。闻道有先后,术业有专攻,教师是先行者,是教育者,学生是后来人,是受教育者。

---

① 潘艺林:《教育怎么能"学生说了算"——从学生评教看师生关系的合理定位》,《江苏高教》2006年第1期,第92—95页。

第五章　文化涵养：价值根植

"如果说学生是主体，并不是说学生是教的主体，而是说学生是学习的主体，是自我教育、自我体验、自我管理、自我约束的主体。教学相长的事实，同样不意味着教学过程是学生教老师。相反，教学过程的实质是教师教、学生学的一种人际互动过程，在这个过程中，教师归根到底是主体，教学相长是另外一个层次的话语，而按照教师的要求完成学习任务，则是学生的天职。"[①]另一方面，就是破坏了原有的大学文化传统。传统的师生关系从浅层面看是教育关系，深层次的师生关系是一种文化及传统，即尊师重道的文化传统。传统的师生关系是一种尊重的关系、和谐的关系、关爱的关系、信任的关系，这同时也是一种文化及氛围，是有效教育的重要条件。我们无法想像：没有尊重与信任，没有和谐与关爱，能够有真正的教育！如今，"教师的教学学生说了算"，而且学生的意见还是唯一的。首先，教师斯文扫地学生又如何尊重。教育的复杂性被简单的排名取代了，教师的专业性还可以由不专业的学生唯一评判，教师还有何颜面？因为每个考研室，就算只有三五个教师，总有一个是排在后面的，总是没有面子的。现在连小学生都不允许排名，在大学却变得流行，不是"斯文扫地"又是什么？其次，学生对教师的评价成为唯一，客观上就主导了教师的教育教学，而由于学生的局限性使得这种主导非常容易走向歧途。文化大革命的时候学生的意见重要，把专家教授批倒批臭。如今的做法，看似文明多了，却有异曲同工之妙。不同的是，当年是以革命的名义，今天的名义是要"以学生为本"。总之，一个制度可以产生积极的后果，也可以发挥消极的作用。

综上所述，我们所讨论的大学文化建设，还是有可为之处的。有正确的理念非常重要，同时还要设计科学合理的制度引导大学文化发展的价值及方向。最怕的是人云亦云、不明就里，一天到晚瞎折腾，对大学文化的建设与发展有百害而无一利。

---

① 潘艺林：《教育怎么能"学生说了算"——从学生评教看师生关系的合理定位》，《江苏高教》2006年第1期，第92—95页。

四、本科生导师制——寻找曾经的大学文化

我国现代大学制度都是舶来品,早期舶欧美的,五十年代后舶苏联的,现在是哪里都舶,在国内都叫改革与创新。在大学,任何的制度的改革与创新,如果没有实现文化化,就不能算成功,因为大学及其制度本身就是一种文化存在。大学本科生导师制同样是舶来品,近十年来我国不少高校也推行这样的制度。很多学者从各方面进行研究,包括内涵意义、如何完善这制度、如何考核与评估等等,当然也有不少成果。但是,如果就事论事去研究与讨论这个制度,其意义恐怕也很难超过这个研究本身。事实上,不论叫不叫导师制度,教师与学生的导师及其关系在大学里一直是个天然的客观存在的文化关系。从根本上说,大学本科生导师制与其说是一种制度创新,不如说是在试图寻找一种曾经的大学文化,而且只有以文化的视角与胸怀建构这种制度,才有可能接近其本原之价值。

(一)本科生导师制兴起的背景

本科生导师制的内涵为:学生自大学本科低年级至毕业班的在校学习期间,为其配备专业导师,通过教师对学生的言传身教和个别指导,切实落实教书育人职责,加强对学生学业、思想、品德等方面的培养,形成教学互动的良性机制,促进学校的人才培养和全面工作。① 2000 年后,清华大学、北京大学、浙江大学等国内知名高校先后实施本科生导师制,国内其他高校也在逐步推行这一制度。据了解,目前全国已经有近百所高校正在试行本科生导师制。② 我国高校在这个时期推行本科生导师制,具有特定的背景。

---

① 马艳秀:《对清华大学本科生被告导师制的实证研究》,《江苏高教》2006 年第 3 期,第 84—86 页。
② 靖国安:《本科生导师制:高校教书育人的制度创新》,《高等教育研究》2005 年第 5 期,第 80—84 页。

1. 改革的背景

历史进入21世纪后，中国高校掀起一股改革的热潮。无论是政府还高校，都有各自追求。政府主要考虑从规模化、产业化角度进行改革，同时还搞"211工程"，要建设国际一流大学。在政府主导的改革潮流背景下，各高校也在各自权限范围之内进行各种各样改革。总之，改革有错误是可以原谅的，不改革则一定是错误的。然而，在当下教育价值多元甚至混乱之背景下，在政府主导的高等教育制度背景下，真正从教育教学实际及规律出发的原创的改革并不多，很多"改革"都是拿来主义，从国外拿来的有之，从国内拷贝的也有，有的半生不熟拿来，有的死搬硬套就用。虽然有些改革是有一定的价值的，但也必然存在一些为了改革的改革。与其他改革一样，大学本科生导师制的推行，与我国高等学校改革的背景自然有一定的联系。

2. 现实的背景

针对本科生导师制度，前面所述的改革背景多为形而上的，现实的背景则是形而下的，是真正具有意义的。根据罗国基、周敏丹、王迎娜所作的研究综述，认为本科生导师制的背景如下：长期以来作为高校育人主体的教师的作用没有得到充分发挥，出现了教学与学生教育管理相脱节的"两张皮"现象；尤其是1999年开始的扩招，使高校的师生比例出现了较严重的不均衡现象，从而对高等教育的培养质量提出了严峻的挑战；近年来随着学分制的普遍推行，一方面学生自主学习的空间扩大，另一方面也对学生的学习能力提出了更高的要求，迫切需要教师的指导；随着高校后勤社会化改革的推进，学生宿舍环境也发生了较大的变化，使得传统意义上的以学生宿舍为载体的教育管理的功能趋于弱化，需要新的教育管理机制进行补偿；从当今高等教育的大学生所面临的社会环境看，社会对人的素质要求越来越高，竞争和就业压力越来越大，因此，引导学生适应社会、适应环境，心理疏导等比过去任何时候都显得更为迫切。还有学者认为，再造本科生教育管理模式的缺陷为本科生导师制的出现提供了现实需要。主要表现在：缺乏课堂交流，师生关系淡漠；教授不愿为本科生上课，职称制度被异化；应试教育的影响没有消除；教书育人的本质没有体现以及当前本科生教育中辅导员管理模式存在缺陷等等。①

　　以上背景分析充分考虑各方面因素,应该说是比较全面的。如果说这么多的因素中最重要的最根本的,主要应该是大学扩招的因素。我们发现,我国一些高校开始推行本科生导师制的时间,与我国大学开始大规模扩招的时间基本是一致的。在此之前我国高校其实就没有必要进行这样的改革,因为早期的师生比例较为恰当,教师的教学科研任务相对比较合理,在正常的大学生活中教师与学生的接触交流是比较充分的。高校扩张(指建新校及合并等)及扩招后,教师因为课多疲于奔命,教师因为要往返多个校区疲于奔命,基本无暇于课外与学生进行哪怕瞬间的接触与交流。在这种情况下,引入本科生导师制度是必要的。但是在教师教育教学及研究任务依然十分繁重的情况下,导师制的实际操作性同样也是一个问题。现在一些学校实施导师制度,有具有的工作内容及指标及严密的管理考核措施,教师为了应付考核完成任务或许没有什么问题,而完成任务的质量不是已经填好的几张考核表格能够说清楚的。因此,本科生导师制不宜为了制度创新而创新,更重要的是解决其可行性,并从文化视角建设,才能真正实现制度设计目标。

(二)本科生导师制实质是德育工程

　　我国虽然有不少高校已经推行或者正在尝试推行本科生导师制,但导师制的主要功能除了设计者比较明确之外,包括学校管理者及一些导师在内都不一定搞得清楚。有些不懂教育的教师(现在并不是所有教师都懂教育),按照相关指引按部就班做了导师,却还不知道自己到底做了什么。事实上,本科生导师制实质是大学的德育工程,导师制中导学的内容,更重要的是德育的一种形式或者途径。因为,如果仅仅是学习知识或者技能,在课堂及实验室中都能够完成,导师课外的主要职责还是解决课堂及实验室无法解决的学生思想品德形成问题,是成长的问题。当然也还有人说导师制的实施是为了大学生的全面发展,也没有什么不对。但当一项制度或者措

---

① 罗国基、周敏丹、王迎娜:《近年来高校本科生导师制研究综述》,《东华理工学院学报》(社会科学版)2007年12月,第29—33页。

施号称要解决一切困难或者所有问题的时候,恰恰就说明这个制度或者措施基本上不可能达到什么实际效果。

早期的导师工作主要也是德育工作。导师制是 15 世纪初创办"新学院"的温切斯特主教威廉·威克姆所首创。新生一旦入学报到,学院就给他指定一位导师。本科生导师称"Tutor",研究生导师称"Supervisor"。导师是学生所选科目的学者,他负责指导学生的品行,并协助安排学生的学习计划,指导他如何取得进步。学生在开学期间每周必须到导师那里去至少谈话一次。这种谈话叫"Tutorial"(个人辅导)。导师负责指定学生阅读的书目,要求其写出心得报告。学生按时去见导师时,要把心得报告读给导师听,导师作一些评论,两人进行讨论。理工和医科学生,必修课较多,还要做实验,接触的老师较多,但也有一位导师做总指导。导师在学院内有一套房间。旧时他们多半独身,生活和学生一样。现在导师多半结婚,另外有家,但校内同样有房间,白天学生随时可以到导师那里去谈话。导师和学生一般在一起吃饭,以便增强相互了解。导师不仅在学业上给学生以指导,而且在品行、心理等方面给学生以指导,成为学生的良师益友。因此,许多学生在毕业后还与导师和同学保持着十分密切的联系。学院办有校友刊物,及时报道校友动向,学院还在每年夏初举办游园会,邀请校友参加。各学院还专门举办返校节,甚至安排校友住原来做学生时的房间,以此使校友团聚,增强学院凝聚力。

在现实实践上,各大学所确定本科生导师的职责基本上都是德育的内容。如,北大提出的本科生导师职责包括负责对学生进行思想政治方面的指导,对低年级学生给予从中学阶段到大学阶段学习方法的帮助,给学生选择专业提出一些建议。浙大的导师主要职责包括关心学生的思想进步,帮助其树立正确的人生观和价值观;根据学生的特点的志向指导学生制定好个人的学习计划;导师要尽可能多地让学生参加到科研活动中去,培养学生的科研能力和创新能力;关心学生的生活,帮助学生生活中出现的问题。[①]

[①] 王建武:《高校本科生导师制研究综述》,《成才大学学报》(教育科学版)2008 年 1 月,第 20—22 页。

靖国安的研究指出,本科生导师的基本工作内容包括:(1)关心、了解学生的思想状况,引导学生树立正确的人生观、世界观和价值观,帮助学生正确认识自我,正确认识社会,树立正确的人生目标。(2)帮助一年级新生尽快适应大学生活,了解大学学习的基本特点,掌握大学学习方法;做好低年级学生的专业教育工作,做学生的专业引路人。(3)帮助学生适应学分制的学习要求,指导学生根据自己的学习基础、兴趣、特长选择学习的课程,确立个性化的学习目标;对学生选修、辅修第二专业、考级、考证、报考研究生等方面的意愿给予建议和指导。(4)指导高年级学生进行研究性学习,指导学生参与课题研究、阅读专业书籍、撰写专业论文等,培养学生的专业兴趣、学习态度和科学精神。(5)指导学生合理安排大学生活,正确处理学习、社会活动及娱乐之间的关系,正确处理个人与他人、个人与社会的关系,正确面对困难、压力和挫折,制定适合个人实际的职业发展规划。① 总结北京大学、浙江大学所规定的本科生导师工作内容及相关研究成果,我们发现本科生导师工作基本上就是德育的内容。因此,我们推行本科生导师制,不能就事论事(不能就导师制论导师制),应该将其提升到德育工程、育人工程的高度认识与建设,才有实效。

(三)文化育人是正道

先进文化是人类文明的结晶,又是推动人类社会前进的精神动力和智力支持,影响人的精神和灵魂,渗透于社会生活各个方面,具有强大的育人功能。大学推行本科生导师制度,实际上是寻找曾经的大学文化,如果这种文化真正回归,大学才会真正有希望。

1. 传统的师生关系是一种文化

在传统社会,无论官学还是私塾,老师地位至高无上,"一日为师,终生为父"的传统更是成为师生关系毫不夸张的表述。老师"传道授业解惑",学生格物致知,代继延续中华道统,是维系中华传统伦理精神的重要途径与

---

① 靖国安:《本科生导师制:高校教书育人的制度创新》,《高等教育研究》2005 年第 5 期,第 80—84 页。

形式。可以说,传统的师生关系是一种文化,也是一种教化力量。主要表现在以下几个方面:其一,尊师重道。这是我国传统师生关系文化的首要价值,是多年来的最重要的教化教育资源。流传很广的"程门立雪"典故说的是宋代学者杨时和游酢向程颢、程颐拜师求教的事:二程是洛阳伊川人,同是宋代著名儒学家。二程学说,后来为朱熹继承和发展,世称"程朱学派"。杨时、游酢,向二程求学,非常恭敬。杨游二人,原先以程颢为师,程颢去世后,他们都已四十岁,而且已考上了进士,然而他们还要去找程颐继续求学。故事就发生在他们初次到嵩阳书院,登门拜见程颐的那天。相传,当天杨时、游酢,来到嵩阳书院拜见程颐,正遇上这位老先生闭目养神,坐着假睡。程颐明知有两个客人来了,他却不言不动,不予理睬。杨、游二人怕打扰先生休息,只好恭恭敬敬,肃然待立,一声不吭等候他睁开眼来。如此等了好半天,程颐才如梦初醒,见了杨、游,装作一惊说道:"啊!啊!贤辈早在此乎!"意思是说你们两个还在这儿没走啊。那天正是冬季很冷的一天,不知什么时候,开始下起雪来。门外积雪,有一尺多深。其二,传承教师文化及思想。如古代著名教育家孔子的思想与学说,更多是由其弟子们发扬光大的。其三,师门伦理。传统师生关系除了有一整套的伦理规范之外,同门师兄弟姐妹之间也有严格的伦理关系,等等。也都是中国传统文化的重要组成部分。

我国民国时期的大学,师生关系的形式虽然有些变化,但都能保持传统师生关系的风格。新中国成立后,除文化大革命时期高等教育受到严重冲击之外,大学的师生关系也都保持比较正常良性的关系。教师与学生虽然不能做到天天在一起吟诗作赋、训练技艺,但最起码的是,教师是受尊重的,学生是受教育的,教师有条件并能主动以自己的知识与人格影响的教育学生。

当今中国,高等教育产业化深得人心,商业思维大肆侵蚀校园,大学被形象地称为"大学公司"。很多教授不再把钻研学问、教书育人当做天职,而把提职称、凑科研成果、开公司、拉项目等当做"本分";而学生则不把学知识、长学问作为"本分",而把混学分、混文凭、镀金身等当做天职。尤其是大学扩招之后,流水线式的批量生产早就将精英教育的模式颠覆,教授抱怨教的学生多,课题任务重;学生则或责怪老师没水平,或埋怨管得严。传统的先生—学生关系解体,再加上层出不穷的学术丑闻,老师身上的光环黯淡,学生开始牛气十足。教师与学生变成服务与购买关系,两者之间相互算计,尊重不再有,信任不再有,关爱不再有,教育也不再有!

2. 建构良好大学师生关系化育学生

本科生导师制是一个手段,建立良好师生关系化育学生才是我们的根本目的。首先,良好的师生关系是尊重的、团结的、和谐的、信任的、关爱的。从事教育工作的人都知道,教育是心灵工程、情感工程,尊重、团结、和谐、信任、关爱是一切教育的基础。因此,本科生导师制的设计要有利于实现师生之间尊重、团结、和谐、信任、关爱的关系氛围,而且让人们感受到这就是一种文化,才能逐步实现教育目标。其次,以良好师生关系化育学生。良好师生关系化育学生通过两方面实现:一是学习生活指导。学生进入大学,共性的学习生活习惯的培养一般都由学校统一解决,通常也没有多大问题。但个性的学习计划安排、生活习惯培养及其各方面的协调统一,就需要导师按照导师制相关要求指导完成。导师指导如果对学生真正发挥作用,表现在学生的学习习惯生活习惯与导师是相似的,学生也能够系统地了解导师的思想并在传播、传承方面有所作为。二是人格示范。所谓人格示范,是指教师通过自身高尚的人格力量给学生以良好的榜样示范。它是教师职业道德的主要特征,是教师应当遵守的基本的师德原则。人格示范是一种重要的教育力量。乌申斯基认为:"固然,许多事有赖于学校的一般规章,但是,最重要的东西永远取决于跟学生面对面交往的教师的个性(注:指人格)。教师的个性对年轻的心灵的影响所形成的那种教育力量,是无论靠教科书、靠道德说教、靠奖惩制度都无法取代的,决定着儿童与教师进一步关系建立的还是教师的工作作风和他的人格品质。""教师个人的范例,对于青年人的心灵,是任何东西都不可能代替的最有用的阳光。"人格示范的教育作用非常重要,而且普遍被认可。教师要教育学生,首先要教育自己,还要培养良好品格和行为习惯。所以,实施本科生导师制,重视对导师的教育与培养也是件非常重要的事情。教师要在政治思想、个人品德、价值观念、行为习惯等方面,为学生树立榜样,要求学生做到的,自己首先要做到,要表里如一。

附:肇庆学院政法学院本科生导师制实施方案
政法学院本科生导师制实施方案

为进一步提高人才培养质量,更好地对学生进行因材施教,调动学生的学习积极性和主动性,引导学生全面发展、健康成长,同时充分发挥教师在人才培养过程中既教书又育人、既教学又导学的主体作用,经学院党政联席会议研究决定,自2008级入学的全体新生开始试行本科生导师制。

一、实施时限与基本目标

导师制即教师指导学生责任制,就是组织优秀的教师及教学管理人员在实施人才培养方案的过程中,对学生分组分人进行个性化指导,培养学生自主学习的精神和创新思维的能力,实施以学生为主体,因材施教的管理方式。

在政法学院实施的本科生导师制,计划分两个阶段进行:

第一阶段:大学一年级。新生入学后,以班为单位为全体学生指定导师,重点是让学生尽快适应大学学习生活。

第二阶段:大学三年级至大学四年级。进入三年级后,学生可根据自身发展需要和学力情况自主选择导师,重点工作是辅导学生考研究生,参加国家司法考试,完成学年论文和毕业论文。

二、组织与领导

学院成立本科生导师制领导小组,组长由学院院长担任,成员由院领导班子成员及系主任、导师代表组成。领导小组负责制定导师制相关制度、导师工作的管理、检查、年度考评等。

三、导师任职条件

1. 具有良好的思想政治素质和教师道德修养。

2. 具有较强的工作责任心,严于律己,为人师表,爱护学生,关心学生的成人和成才。

3. 在学术上有一定造诣,了解本专业的培养目标,熟悉各教学环节及人才培养的规律。

4. 善于教书育人,既具有比较强的业务能力,又乐于做学生思想工作。

5. 一般应具有中级职称或硕士研究生以上学历。

6. 返聘和外聘导师可适当放宽条件。

7. 其他相关人士符合条件也可以作为导师。

四、导师遴选与配备

1. 导师实行聘任制,由教师报名,学院院长聘任,院党委审核备案。

2. 如果因学生过多致使导师缺乏,可采用如下办法解决,但这些人员原则上只担任第一阶段的导师。

(1)聘请有高级职称的公共基础课教师。

(2)聘请有高级职称的学校管理人员。

(3)返聘退休教师和外聘有关人员。

(4)从有业务联系的单位中选聘。

3. 两个阶段上师生关系的建立,实行双向选择与学院分配相结合的办法,一般每位教师指导的学生在两个阶段均不得超过10人。

五、导师的工作职责和要求

1. 导师的工作职责

(1)承担对学生的思想引导和专业辅导工作。

(2)熟悉本专业和邻近专业的教学培养方案,指导学生选择选修课,督促学生进行职业技能训练和参与教学实践活动,帮助学生制定符合其实际的学习方案并督促其实行,充分做到"因材施教"。

(3)关心并了解所带学生的学习情况,在学生科研活动、考级考证、考研活动、就业择业等方面进行针对性的指导,有意识地培养学生的实践能力和创新能力。

(4)督促学生加强《大学语文》的学习,对指定文章或者选段可要求背诵。

(5)指导学年论文和毕业论文。

（6）辅导学生报考研究生，或者参加国家司法考试。

（7）导师可根据自身优势和特长开展有个人特色的指导活动。

2. 导师的工作要求

（1）对学生既要热情关怀又要严格要求，在思想道德、工作作风、业务学习和科学研究等方面成为学生的表率，做到为人师表、教书育人。

（2）定期（每学期开学、期中、期末）对学生进行集中指导，同时要利用电话、电子邮件等对学生进行多种形式的个别指导（每学期不少于4次），了解并掌握学生的心理、生理、思想和学习状况，以便分类指导、因材施教。

（3）关注学生的学习进程，根据学生的特长和志趣，鼓励学生积极参加社会实践活动，有目的地指导学有余力的学生参加科研活动，培养学生的科研能力和论文写作能力。

（4）指导学生并和学生一起完成每学期几本书（可由导师和学生共同选定）的读书计划，并要求学生写读书笔记和心得体会。

（5）导师指导学生的方式可灵活多样。如：讲座、座谈、谈话、对话、批阅学生写的心得体会，共同开展科学研究等，以达到因材施教的目的。周末聚会是师生联系的重要途径，建议每两周一次，时间自行安排。

六、导师的管理与考核

1. 学院对导师的管理由政法学院党政领导班子、本科生导师领导小组共同实施，负责导师的资格审核，组织导师的上岗培训，实施对导师工作的日常管理，组织考核并评选优秀本科生导师。

2. 对导师的考核每年度进行一次，由政法学院本科生导师领导小组负责实施。考核由三个部分组成，学生评价占40%，自我评价占30%，领导评价占30%。

3. 担任导师是政法学院所有教师的岗位职责。导师工作的考核结果，作为教师工作年度考核和岗位聘任的条件，同时与"岗位津贴"的管理挂钩。担任导师属学院安排工作，考核合格是获得"岗位津贴"

的必要条件;考核优秀的导师,由学院给予奖励(具体奖励办法由《政法学院岗位津贴和劳务酬金分配方案》另行规定);考核不合格的导师,不计工作量。

4. 考核合格的导师每学期工作量按 2 学时/生计算,学生休学期间不计工作量。

5. 政法学院导师制领导小组和导师本人要及时总结、交流导师工作的管理经验和工作经验,促进导师工作质量的不断改进和提高。

七、本规定自 2008 年 9 月起执行。

第六章 实践探索:有益启示

大学生道德养成,是个系统复杂的问题,但最根本的是实现两个目标:一是培养大学生正确的价值观念;二是培养大学生良好的道德行为习惯。要实现两个目标,不仅要理清理论问题,同时在实践层面必须有所作为。一方面,学校必须发挥主导作用,按照学生思想品德形成发展规律,主动积极引导,实实在在建设。不能光说不练、光懂不做。另一方面,要保证学校制度正常运转,保证学校伦理的严肃性,否则难有作为。以下,我们通过对三个典型例子的分析,说明问题并期望对高校德育实践有所启示。

一、大学生核心价值观应该如何培养——从大学一个主题读书活动说起

这里引用的案例是由本人主导策划实施的在广东肇庆学院开展的一项叫做"主题读书"的活动。活动从开展全校主题读书活动开始,到创办《西江读书》报,再到举办"4·23读书节"活动,持续实施已经有多年。研究分析这项活动,对各高校培养大学生核心价值观的实践应该有重要的启示。

(一)活动的基本过程

1. 最早的形式:肇庆学院主题读书竞赛活动

肇庆学院主题读书竞赛活动2003年开始实施,一年一届,全校学生参加,已经连续组织实施了七年。读书活动由思政部结合思想政治理论课程内容及当前社会热点问题,确定主题、确定阅读主要图书、由所有思想道德

课程任课教师组织其任课班级学生以读后感形式参加,学生所写的文章一方面是其平时成绩的一部分,另一方面是参加学校主题读书活动竞赛,一举两得。学生所写文章经过严格程序评审,优胜者将在每年五四表彰时以学校级名义进行奖励。我们已经连办七年,每年一届,每届一个主题。如 2003—2004 年度主题是"道德价值观与社会进步";2004—2005 年度的主题是"青年大学生的责任";2005—2006 年度的主题是"人格·良知·现代化";2006—2007 年度的主题是"论语·公民精神·和谐社会"等。通过思想政治理论教学部实施,每一届都确保所有学生参加,规模巨大,覆盖全校,并产生重要影响。

2. 延伸的阵地:《西江读书》报

每届读书活动都有若干获奖文章,主办单位思政部都将每届主题读书活动获奖文章结集编印,作为活动的成果与总结,以培养学生的成就感。此外,经过实践探索,相关教师帮助学生申请市内刊号,发动学生骨干专门主办一份《西江读书》报,以指导、引导读书活动的开展。办报人员都是学生,采编、组稿、宣传、印刷、派送工作都是学生。《西江读书》报主要是刊发与读书相关的优秀文章,同时发表师生各种读书心得,经验交流,指导、引导、带动大学校园读书的氛围与价值。《西江读书》报每月出一期,每期突出与大德育有关的相对集中的一个主题,散发到学生各宿舍、学校各科室。《西江读书》报已经成为肇庆学院最有影响的学生刊物,甚至已经积累了一定的自我发展能力。

3. 读书的文化:读书节活动

从主题读书竞赛活动开始,接着创办《西江读书》报,从 2007 年开始,在每年的 4 月 23 日,都正常举办读书节活动。4 月 23 日是"世界读书日","世界读书日"全称"世界图书与版权日",又译"世界图书日",最初的创意来自于国际出版商协会。1972 年,联合国教科文组织向全世界发出了"走向阅读社会"的召唤,要求社会成员人人读书,使图书成为生活的必需品,读书成为每个人日常生活不可或缺的一部分。1995 年,国际出版商协会在第二十五届全球大会上提出"世界图书日"的设想,并由西班牙政府将方案提交联合国教科文组织。后来俄罗斯认为,"世界图书日"还应当增加版权的概念。于是,1995年10月25日—11月16日召开的联合国教科文组织第二十八次大会通过决议,正式确定每年4月23日为"世界图书与版权日"。这一天也是作家塞万提斯和英国著名作家莎士比亚的辞世纪念日。利用"世界读书日"开展读书节活动,将校园读书活动引向深入。

延伸阅读——肇庆学院首届读书节拉开帷幕

让更多的人读更多的书,让书香溢满校园,让读书成为一种习惯。4月23日晚,由肇庆学院思政部、《西江读书》工作室以及书法篆刻协会共同主办的首届读书节在学术报告厅拉开了帷幕。该校党委书记郑彬涛、校长和飞等学校领导出席了此次开幕式。郑彬涛用简短有力的致辞宣布读书节开幕。和飞以《学会学习》为题,在开幕式上为数百名师生作了精彩的演讲。

举办此次读书活动,旨在更好地激发大学生的读书兴趣和读书热情,活跃校园的学习气氛,为校园文化建设作出新的贡献。读书节期间,举办方安排了"最触动我心灵的文学人物形象"主题征文比赛、全校读书调查活动、《西江读书》报展、推荐书目展览、派发励志书签、现场书法挥毫等一系列活动。

(资料来源:2007年4月28日共青团广东省学校部主页:http://www.gdcyl.org/xxb/ShowArticle.asp? ArticleID = 17494)

(二)活动策划的基本思想

策划主导与巩固大学校园的读书活动,主要是读书活动对大学生价值观形成至关重要,而当代大学生阅读问题非常严重,引导大学生读书及其方向进而培养学生正确的价值观念,任务非常迫切。

1. 读书对大学生价值观的形成至关重要

价值观是人们关于生活中基本价值的信念、信仰、理想等思想观念的总和。从内容上看,价值观反映了主体的根本地位、需要、利益,及主体实现自己利益和需要的能力、活动方式等主观特征;从功能上看,价值观起评价标准的作用,是人们心目中用于衡量事物轻重、权衡利弊的天平和尺子,它是人和社会精神文化系统中深层的、相对稳定而起主导作用的部分,对于一个人来讲,价值观是心理精神活动的中枢系统,是其人生和事业中最重要的精神追求、精神支柱和动力所在。

虽然绝大多数大学生都是成年人,但未必形成了正确而稳定的价值观。从中学跨入大学,有些学生价值观没有完全形成,有些学生形成的也未必是正确的价值观。正因为这样,大学生的价值观教育才变得有必要性。大学教育的一个重要使命,就是引导培育大学生形成正确的价值观,矫正错误的价值观。

个体价值观的形成发展非常复杂,它是社会机制和心理机制共同作用的结果,它一方面表现为全体受政治经济、中西文化、大众传媒、各类教育等社会机制制约、影响、导向和强化的过程,另一方面是个体通过价值理解、价值认同、价值选择、价值整合的心理机制将价值心理提升为价值观念,进而提升为价值观的过程。就大学生来讲,其价值观也是由老师、同学等各种综合复杂因素共同作用的结果。其中,读书一定是其价值观形成、发展、变化的一个重要因素。通常讲"文以载道",或"一本书影响一生",就是书籍中的思想、观念、道理影响形成一个人的价值观。秦始皇焚书坑儒,就是怕书籍及儒生传播思想影响他人而动摇他一相情愿的万代江山;董仲舒"罢黜百家,独尊儒术"就是希望儒家思想一统天下人心以天下一统而千秋万代。事实上在儒家思想被冲击和解构之前,就是维系中国社会超稳定结构的根本原因。可以说,读书对人们价值观的形成和影响是不言而喻的。

读书可以形成一个人的价值观,读书也可以改变一个人的价值观。因此,无论是培养正确的价值观,还是矫正错误的价值观,读书是一个非常有效的途径。相对而言,学生在大学阶段读书对其价值观影响更大。由于应试教育等因素影响,中小学阶段学生读书不可避免带有明显的功利性,虽然对其人生价值观的形成产生一定的影响,而这些影响很难保证不是片面的甚至消极的。而大学阶段的读书则完全不同:一方面,学生自主选择读书成为可能。大学阶段,学生离开了家庭及中小学的严格管理,学业负担减轻(实际上是更重,但不是很多人这样看的),管理也很宽松,学生自主选择读书成为可能,而基于自我意识的选择阅读,则更容易内化为其思想和观念。

另一方面,读书的工具性弱化,读书的目的更加真实。虽然大学生读书也还有工具性一面,主要是"保本"(保证拿到结业证)目的,远不如中学般激烈,其读书的目的更加明确,就是要接触新的理论、思想和观念,书籍对自己的影响也是自然而然的。因此,我们认为大学阶段学生读书对其自身价值观形成、发展、变化更加具有非凡的意义。

2. 大学生的阅读问题突出

通常人们叫大学生读书人,当然是认为他们读很多书,懂得很多道理。"读万卷书,行万里路"也曾经是多少读书人的理想和追求;"恰同学少年,风华正茂;书生意气,挥斥方遒。指点江山,激扬文字"也是曾经的激情与自豪……然而时过境迁,当代大学生阅读呈现出的问题十分突出:

第一,"读书"渐行渐远。由于受市场化取向等各种复杂因素影响,自觉读书的人越来越少,大学生亦然。本人在高校经常做些随机调查,发现学生课外阅读积极性总体不高,课外阅读则以工具书为多,在课堂上提起《弟子规》、《大学》、《中庸》等经典著作,甚至有全班的学生都感到莫名其妙。中华读书报今年 4 月份做的读书调查引用一个采访对象的话说:"阅读的人越来越少,阅读品位越来越低"。第二,网络蚕食传统阅读。根据各种机构的调查发现,超越传统抚卷墨香的阅读方式,网络阅读成为年轻人阅读的首选,而"读图"、"韩流"和"童书"也成为绝大多数中学生和部分大学生的新宠……网络正以其强大的力量,冲击、影响和改变着人类生活的方方面面。网络里埋伏了无限可能,有的很光明,有的很阴险。有一种悲观的观点,认为终有一天,"读网"会杀死"读书"。尼尔·波兹曼就说,我们正在变成一个"娱乐至死"的物种。我们不悲观,但是仍然忧虑。第三,大学生阅读内容杂乱,良莠不齐。虽然没有也不太可能作出非常系统科学和准确的调查,但靠平时与学生交流了解及个人的观察也发现,大学生阅读的内容比较杂乱,甚至还有不少低级趣味的东西。

大学生阅读有问题并不可怕,而大学生阅读有问题而导致大学生价值观出现问题就非常可怕。我们前文说读书(或阅读)可以形成一个人的价值观其实有两个向度:一是读好的书可以形成正确的价值观,二是读不好的书可以形成错误的价值观。不读书是可悲的,但仅仅是读书仍然不够,还要看究竟读了什么、怎么读。在以前,由于各种原因,人们读到《毛泽东选集》,背"老三篇",尽管后来人们有些争议,但谁都不可否认整整一代人无产阶级世界观就是这样形成的。当今所谓的信息爆炸时代,鱼目混珠泥沙俱下,不是每个人都能够作出正确判断和选择的,特别是世界观价值观还没有完全形成的青年大学生,他们一不小心就可能迷失方向或误入歧途。因此,大学教育工作者就不仅要引导青年大学生回归读书的生活方式,还要帮助青年大学生选择阅读对其人生成长、发展有意义的书籍,并教会他们读懂这些书籍,以培养青年大学生正确的人生价值观。

3. 读书的主题要突出鲜明

书籍是价值观的最主要的载体,而书籍所承载的价值观念却是多种多样的。我们策划的面向全校学生的主题读书活动,实际上就是解决全体大学生共同价值观的问题。因此,读书活动必须与我们选择的用于培养大学生道德价值观念的主要载体紧密联系起来,保证主题突出而鲜明。

(1)价值观一般载体与共同载体及其作用

观念形态的东西是抽象的,它必须以某种具体物得以承载。道德价值观念的承载体,主要有两类:一是以人为载体;二是以物为载体,包括书籍及一些象征物,主要还是以书籍为主。高校大学生道德价值观念培养的一般载体也是两类:一是高校教师及管理服务人员在业务工作中表现出来的思想观念;二是有关书籍。我们除了充分发挥高校教职工及各类书籍等一般载体对大学生道德价值观念培育的作用之外,还要确定一个共同载体。因为,一般载体发挥作用的条件、环境和对象是相对特定的,范围也是有限的。德育作为大学的首要价值,必须着眼于解决全体大学生的共同的问题,当然需要确定一个共同的载体,并通过这个载体的作用以实现其主导性的目标。共同载体就整个社会来说就是承载社会共同价值观,就高等学校而言是承载大学的办学理念。共同载体的重要作用就是承载一个公认的价值和精神,以此影响整个大学生群体,并在大学生群体身上体现大学独特的文化精神。因此,作为共同载体,必须具备的条件包括:权威性、普遍接受性、学理性、人性等几个方面。我国传统国学文化经典如《论语》、《大学》、《中庸》在中国社会就具备这些特点等,基督教社会的《圣经》、伊斯兰教社会的《古兰经》都在其社会中也具备这些特点。

(2)大学生道德价值观念培养载体的选择

所谓道德价值观念培养的载体选择,就是在一般的载体之中选择更加有效的载体,并确立其更高的具有领导意义的地位,使其发挥培养大学生道德价值观念的作用。就高校来说,可以有两个选择:其一,以德才兼备的大师级学者为载体,通过他们的言传身教宣导高尚的道德价值观,以影响并使大学生逐步形成良好的道德价值观念。这是一种人格教育,作用非常明显。当然,如果本校有这样的大师级的人物,使学生经常能够在生活中近距离接触聆听,效果会突出些。模范的人物的影响,如果距离太远,效果是会有折扣的。所以如果本校没有大师级人物,就只好做另外的选择。其二,确定大学生必读的经典著作。我们知道,书籍是人类思想文化的最主要的载体,经典著作是其中之精华。我们必须选择确定一些经典著作让学生都读,这是道德文化思想传承的最根本途径。基督教社会都读《圣经》,是形成其社会普世价值观的最根本前提。我们要培养大学生整个群体的道德价值观念,当然也要确定一些(或一本)大学生必读的经典著作。我国大学生在校期间也是学了好多思想道德方面的必修课程,这是必要的,但这些都是一些系统理论的概要或概论,都不能算是经典著作。就中国的大学来说,应该以中国传统文化经典著作为首选,即四书五经为首选。现在人们对传统文化经典的批判,主要是指向其糟粕。由于中国传统文化经典产生于特定的时代,有些局限性是必然的,但瑕不掩瑜,并不影响其作为经典著作的价值。就像《圣经》也有糟粕并不影响其作为基督教社会的共同信仰并发挥重要的作用。就我国大学生道德观念培养载体来说,在四书五经中应该以《大学》为首选。《大学》一书以简练而内涵丰富的语言涵盖了早期儒家人学思想的精神内涵,揭示了儒家理想人格修为的一般过程。"三纲领"(明明德、新民、止于至善)引导人们修为的目标;"八条目"(格物、致知、诚意、正心、修身、齐家、治国、平天下)指示人们修为的途径。"八条目"的内容是一个由内到外、相互关联、不能任意颠倒的统一的整体,是一个穷尽内圣外王之道的思想理论体系。它以"格物"为起点,以"平天下"作为其奋斗目标。尽管《大学》中使用的这些范畴都带有浓厚的伦理色彩,但在具体的道德修养和社会道德实践中却发挥了积极有效的作用,对调适人们的心态、稳定社会关系、保持思想上的连贯性都起到了重要的影响作用。朱熹如此推崇《大学》正是看到了它对稳定社会、重塑道德人格所具有的重要价值潜力。以《大学》为高校学生道德价值观念培养的共同载体,除了其本身的内容之外,还有如下特点:一是篇幅不大,方便识记;二是体系完整,逻辑严密;三是论证充分,学理性强;四是符合人性,反映规律,易于心验体认。特别值得强调的是,《大学》提出的八条目之修为途径,与现今人们所说的思想品德形成的"知、情、意、行"过程,讲的是同一回事,却比后者表述更加完整,逻辑更加严密,更加符合人性特点,也就是说人们在自己的修为成长过程中都能够有"真的是这样"的体验,从而使教育对象真心诚意接受并以之指导调整自己的行为,逐步形成良好的道德行为品格。

在这里,人们可能会提出这样的问题:以《大学》为大学生道德观念培养的载体,那么马克思主义摆在哪里？我们知道,马克思主义是一个庞大系统的理论体系,马克思主义道德观是这个庞大理论体系的一个组成部分。马克思主义道德观的核心是社会主义、共产主义,落实到具体实践中同样也是如何处理人与己、人与人、人与社会、人与自然关系的问题。《大学》提出的道德修养的原则、方法、目标,与马克思主义道德修养的要求是一致的,与我国社会主义初期阶段的基本国情也是一致的,此外,中国传统的大同社会思想本身就有社会主义的因素,与马克思主义道德观同样有一致性。所以,《大学》之道,实质是马克思主义道德观的中国式思维方法和表述方式,中国大学生更容易理解、认同、接受并身体力行。当然,我们不能要求所有高校都以《大学》为大学生道德观念培养的共同载体,但如果一所大学至今为止没有一个全体师生共同关注、共同追求的价值目标,整天只谈论"哪个老师发财了"、"哪个学生犯错误了"、"哪个人分房子超标了"等等话题,那么,从现在开始以《大学》及其思想内涵为载体,创建大学的精神和基本价值,一定是个不错的选择。

基于如上分析,我们认为:读书活动作为培养大学生道德价值观念一项重要文化建设工程,选择中国传统文化经典作为主题,是个可行的思路。

（三）活动的实际效果

经过多年持之以恒地实践,肇庆学院主题读书活动及其延展的内容,对构建一种大学生精神,培养大学生正确的道德价值观,具有非常正面的作用与影响。

1. 建设并占领一个重要阵地。大学生思想道德建设,有好多阵地。有些阵地,不建设就没有,不占领也没用。在大学校园持续举办以前没有存在过的主题读书活动,以及延展了的《西江读书》报和"4·23读书节"活动,无疑是一个新的教育阵地。首先,建设有这样的一个阵地,就一定会发挥一些作用,这是第一方面的意义;其次,读书活动、《西江读书》报、"4·23读书节",吸引住大量的学生参与其中,包括读书竞赛活动影响全校师生、《西江读书》报长期活跃着一批采编队伍、作者群、读者群、"4·23读书节"也需要好多学生参与,本身对这个群体就产生了实实在在的影响,他们参与采访、写作、编辑、发行、读报这些有意义的活动的时间越多,必然使他们大学生活充实起来,没有多余的时间去思考和参与那些对自己健康成长不利的无意义的事情。从这个意义讲,也占领了这个重要的群体和重要的阵地。

2. 引导构建一种大学精神,潜移默化地影响一代大学生。通过全校性主题读书活动,形成全校学生都看一类书,全校师生都讨论同一个话题的情形。这便是做大学的最基本的求知、探索之精神。从思想政治教育课程来说,我们就是通过这样的形式主导、引导、领导校园的话语高地,并以此主导、引导、领导思想道德教育与意识形态建设的内容和发展方向。这种形势长期实施并一直渗透影响到大学生学习生活的各个层面了,才能真正叫做占领了思想道德教育和意识形态建设的主渠道和主阵地。反之,如果一所大学缺乏一个共同的价值理念,缺乏一种积极向上的全体大学人共同拥有的大学文化精神,观念不一、思想混乱,大学就会推动方向,既无法使大学自身得到健康发展,也无法给予学生更多更好的东西。

3. 体现大学的核心价值。读书是大学文化精神的核心价值。大学要始终如一地坚守这样的信念,大学要坚定不移地创建这样的文化,营造青年大学生健康成长的良好环境与氛围。组织开展这样的校园主题读书活动,具有目的明确、参与面广、学生欢迎、操作性强、费用不多、利于坚持、作用明显等其他实践活动没有的优点,是大学生价值观教育的一个切实可行的途径。也就是这样一个原因,这个尝试性的实践活动得到学校各方面的认可。从学校来讲,学校领导从各个方面支持将这样的实践活动制度化常态化。从学生来讲,参加这样的主题读书等活动,既能够锻炼自己,也能为大家服务,这种成就的体验和感觉是任何德育活动无法比拟的。因此这个活动一开始到现在,年年举办,没有停滞过,不断发挥更加重大的影响。此外,《西江读书》每期都派发到肇庆市党政机关各主要部门、各主要大中专学校,得到比较高的评价,甚至还有专门要求在此刊登广告的,也从另一角度说明了活动的效果及其认可度。

二、大学生良好行为习惯如何养成——
以课堂和饭堂伦理为例子

课堂、饭堂、图书馆是大学生主要的活动场所,作为群体活动场所一定有其特定的伦理秩序,这样的秩序要靠制度引导与维护。如下我们以课堂和饭堂为例子,就制度与伦理秩序的形成作些分析。

(一)课堂伦理及其养成

通常,课堂教学活动涉及数十人甚至上百人,由多人参与的活动也必须有伦理秩序,更重要的是这些伦理秩序对培养道德价值观及行为习惯具有重要作用。我国大学课堂教学原来有一套实施多年行之有效的伦理秩序,然而受政治运动及社会变迁影响,这些伦理秩序几至名存实亡,重建大学课堂的伦理秩序具有保证课堂教学活动正常开展及培养学生良好道德品格的双重功能。

1. 一份一呼即出的文件

这里指的是一份由教师呼吁后由肇庆学院院长办公室迅速下发的文

件:《关于规范课堂教学礼仪的有关通知》。事情的缘由是这样的:在2006年9月间,笔者作为教师代表受邀参加肇庆学院党委中心组学习,其中有涉及校风学风建设的内容。本人根据自己的研究及在工作实践中的体会在发言中主要讲了三个方面的问题:一是包括我校在内的我国大学传统课堂教学伦理秩序基本上被破坏;二是本单位即肇庆学院政法系(后来改为政法学院)一直坚持规范课堂教学伦理秩序;三是建议学校从全校全局发展高度,规范课堂教学礼仪。本人这一发言好像不经意间触动了某根神经,引起包括学校党政领导在内的与会人员产生兴趣并热烈讨论,事隔一个月后就下发了这样的文件。在这里,不能说是本人提出的呼吁使学校出台这个文件,而是当前高校课堂教学伦理的确存在比较突出的问题,一提出来大家就有同感,都认为有必要规范课堂教学伦理秩序。这个问题本人不提出来也会有其他教师提出来,学校也迟早出台这个文件,这就是所谓的形势逼人。与此相类似的,目前有不少高校重新出台关于大学生出晨操等文件。

肇庆学院院长办公室文件

肇学院办[2006]28号

关于规范课堂教学有关礼仪的通知

各单位:

为规范课堂教学,培养良好的文明礼貌习惯,展现我校师生的精神面貌,经学校院长办公会议研究决定,现对课堂教学的有关礼仪作如下规定:

①教师上课时必须佩带校徽,仪表端庄,衣着大方,为人师表。

②上课铃响后,教师在讲台后站好,宣布上课;班长发出起立口令,学生起立后,教师向学生鞠躬并示意学生坐下,每次课堂教学最后一节下课铃响后,教师宣布下课,班长发出起立口令,学生起立后,教师向学生鞠躬示意,课堂教学活动结束。

本通知的有关规定自下发之日起施行,并作为课堂教学制度长期坚持。学校将对各教学单位执行规定的情况进行检查,对未执行规定的单位和教师通报批评。

肇庆学院院长办公室（章）
二〇〇六年十月二十四日

2. 课堂伦理对学生道德的养成功能

以上之例，是大学努力恢复已有伦理秩序的其中一方面。当前我国高校，要不要坚守这些传统的行之有效的伦理秩序，是有些争议的。有些教师认为只要给学生上好课就行，不必要搞这些繁琐的礼节。然而不坚持这些伦理，课堂教学活动就难以正常开展。现在一些高校，课堂秩序比较混乱就是不能坚持和坚守课堂教学伦理秩序导致的。学校专门出台并下发这样的文件，首先是引导建立和种伦理秩序，保证课堂教学活动的正常开展；其次，这种伦理秩序一旦建立并固化，便是大学文化的一个重要部分和表现形式；再次，这是培养大学生道德品格的重要形式与途径。道德本质上就一种行为习惯，道德通常存在于社会生活中的各种各样的仪式和形式之中。大学生每天都反复坚持这个礼仪与规范，一方面是其个人道德生活的一部分，形成习惯就是人格；另一方面，大学生尊师重道之心也是这样培养出来的，教师上课前后都起立致礼，有这样的肃然，才会起敬。事实上由于教师教学科研任务重等各种因素的影响，教师与学生课外交往时间非常有限，因此在课堂教学过程中是教师对学生人格形成最主要的时间及形式；学生同样也是多在课堂上才有机会表达对教师的尊重之情。我国课堂教学的主要礼仪也不多，包括上课前学生起立，老师回礼；学生回答问题要站起来；有事要请假、迟到要报告等等，但是这些礼仪都很重要，这是大学生道德养成的最重要的内容和过程。事实上，仪表庄重、文明礼貌、彬彬有礼、不大声说话、不玩手机等都是国际上所有公共场所最基本的礼仪要求，何况是更加严肃的课堂！不重视坚持及坚守课堂教学礼仪的教师，实际上就是不懂得教育及其规律，甚至可以说其价值判断出现混乱等问题。

(二)大学饭堂伦理的建设与养成

在大学饭堂观察学生的行为方式,通常也是人们研究大学生素质的重要窗口。如果深入分析,学生的所谓道德的行为或者不道德的行为,与制度关系密切。

长期在大学工作或生活的人都知道,在全国高校的饭堂有这么一个普遍的现象:以前的大学饭堂,学生用餐后将剩饭剩菜及餐具乱倒乱放到饭桌上走人,大学饭堂在学生用餐后一片狼藉,大学生通常还因此被批评为不讲道德、没有修养。现在绝大多数的大学饭堂都会在特定的地方设置剩饭剩菜及餐具回收台,并在显眼处写上明确的指引,大学生现在不再把剩饭剩菜及餐具乱放在餐桌上了,秩序井然,通常也有人说现在大学生素质提高了。这件事从表面上看来确实是一个道德问题,从本质上看来却是一个制度问题,两种情况都是特定制度安排的必然结果。将剩饭菜餐具留在桌上走人和将送至专设的回收台,都是各自相应的制度安排所诱发的自然行为,单从这两种行为的对比当中很难得出不同时期学生道德素质的高下之分。在没有设置剩饭菜回收台的制度安排之下,将餐盘留在桌上走人是与这一制度相符合的行为;而在设置剩饭菜回收台的制度安排下,将剩饭菜及餐具送至回收台一样是制度所要求的行为。在一个旁观者的眼里,两种行为之间存在着道德上差别,事实上这种差别是由相应的制度所造就的。对每一种制度中的行动者而言,他们的行为都是与制度相适应的,换言之,都是符合那种制度之下的正常道德要求的。对于前一种制度而言,把剩饭菜及餐盘留在桌上走人没有道德上的可谴责性,对于后一种制度而言,把餐盘送至残食台也没有道德上的优越性。如果我们将这些行为当做是不道德或是道德的行为(事实上也是如此),真正起作用的,还是制度。

从对上面课堂教学伦理秩序及大学生饭堂就餐的行为习惯形成的分析,完全可以说明制度在道德建设中发挥重要的作用。高等学校完善制度建设,严格执行已有规章制度,对培养大学生良好的道德行为习惯意义重大。

三、伦理被破坏的后果——法大"杨帆事件"的第三种解读

2008年,政法大学杨帆教授与一女生发生的一个小冲突,逐步发酵成"杨帆事件",各方都有讨论与解读,但多停留于表面公说公有理婆说婆有理,就事论事。事实上,杨帆事件的根源就是大学制度危机及伦理缺失。

(一)政法大学"杨帆事件"始末

杨帆,著名经济学家,1951年生于北京,2003年调入中国政法大学商学院,担任教授、博士生导师。

1月4日晚,中国政法大学杨帆教授在上"生态经济与中国人口环境"选修课的最后一节课时,因为逃课学生人数太多而与一名欲离开教室的女学生发生肢体冲突。第二天,杨帆在学校官方网站发布"致有关院领导的信",对前天晚上的事件做了简要说明,并要求学校处理相关学生。同时委托其研究生公布了该课堂"未坚持听完课学生"的名单,称"原则上缺席者不能及格"。随后不久相关帖子都被删掉。1月7日,同校萧副教授在博客上批评杨帆的做法,支持学生。1月11日萧副教授发表道歉、辞职声明,称目的是为挽回其言论在实际效果上给"中国政法大学及其学子们带来更深重的负面影响"(事后经校方挽留并未离开学校)。由于其他学校也有教授与学生关系恶化的事件,网上又掀起一场师生关系的大讨论,也有记者跟进进行了采访。

事发:学生少教授关门

1月4日晚,该校昌平校区阶八大教室,杨帆教授给学生上生态经济与"生态经济与中国人口环境"的最后一节课,不少学生在上课之时把论文上交后就离开。杨帆来了后先照着PPT讲了一会课,突然停下来,扫视了一下同学,发现人数大大不够。"我们就揣度着没来的人要倒霉了。"然后杨帆开始骂那些走了的人:那些学生不像话,把论文交了就想走,没道德欺骗

老师。他表示没在的学生全部都要挂科。

后经统计,该课程报名有240人,有101人交完卷子就走了或听了几分钟就走了。

恶化:女生离场引发冲突

签到过后杨帆接着讲课。在阶八门口渐渐聚集了二三十名选修此课的同学。不久,门外响起了轻轻的敲门声,杨帆并不理会。

一名男同学忽然跑到门口,抬起脚狠狠地踹了一下门。杨帆打开门开始破口大骂道:"是谁踢的门给我站出来,扰乱课堂,混蛋,畜生!给我站出来,属老鼠的啊!"杨帆见无人反应便愤而入教室锁上了门。

杨帆开始教育学生:不要这样的学生,合起伙来跟老师捣乱。我这个人脾气大,别把我惹恼了。我要干事不对,我就不敢这么横。这时,一名女生背着书包从后面一路走向门口。杨帆说:我没讲完呢!你干吗去?女生说:老师上课讲这些你不觉得很无聊吗?杨帆说:你才无聊呢!你叫什么名字?女生说:我又没选你的课!杨帆说:滚出去!女生说:干吗要滚啊!好好地走出去。

于是女生便出去了。据门外同学回忆,杨帆指着那个女生大喝:"站住!"并跑过去抓住其书包并称其扰乱课堂秩序,不尊重老师,要带其去保卫处。女生说杨帆一点为人师表的尊严都没有,并在扭打和挣脱过程中踢了杨帆几脚。杨帆怒不可遏,欲强行拉其去保卫处。期间很多同学加以劝说和制止。不久,保卫处的人赶到将女生带走。

杨帆:师生一团和气是伪现象

昨天,杨帆教授在新浪开了博客,对此事做了进一步阐述,记者也就此专访了他。而当事另一方的女生寝室电话一直没人接。曾接触此事的同行告诉记者,目前正值学校考试期间,校方已介入调查,该女生不愿露面。

记者:当时情况经过如何?

杨帆:她成心闹我的场,不是偶然进去的,我不让她出去,她非要出去,还说我很无聊。她没选这门课,我不让进她非要进,我不让出她非要出。我问她叫什么,她不说,我才捉她,否则就不会把她扭到保卫处了,而是第二天找她辅导员。

记者：学生说你骂人了？

杨帆：急了怎么不可以骂人？这么多学生把课堂当茶馆。不骂你就不能治你，我宁可不要这谦谦君子的美德。

记者：平时对学生这样严格？

杨帆：我的课是选修课，选了就得来上。我不考试但考勤。

记者：在这件事情上，您有个人责任吗？

杨帆：我不仅没责任，而且还有巨大贡献。要不是我这个脾气，就得让学生占上风，老师永远占不了上风，其他老师还真没有我这魄力，人要没脾气还叫人吗？人都有自己的底线。

记者：您说过老师现在是校园里的"弱势群体"，原本一团和气的师生关系为什么会变得这么紧张？

杨帆：并不是一团和气。一团和气，也就是老师得容忍学生逃课，老师商品化、工具化。一团和气是一种伪现象。学生可以给老师打分，老师就得宠着学生，让他们高兴，容忍学生的毛病，完全没有师道尊严。

记者：和谐的师生关系是怎样的？

杨帆：坚持中国古代的师道尊严，这个底线是不能破的。

记者：有人认为这件事是教育体制的问题。

杨帆：不对，个人也有个人的责任，分清楚是非之后，再去说体制。只说是体制的问题，那是和稀泥。

评论：某些关系不容商业玷污

"博士发帖炮轰教授"事件的影响尚未烟消云散，中国政法大学又爆"杨帆门"事件。有人就此抨击老师"师"文扫地、师道不存；有人批评学生不尊师重道。近几年，中小学老师或打学生或猥亵学生或组织强迫学生卖淫等各类新闻不断曝光，早已提醒我们师生关系恶化及异化的现实。如今，这两个例子又将大学师生关系现状以一种激烈的形式反映在我们面前。

在传统社会，老师"传道授业解惑"，学生格物致知。如今，商业思维大肆侵蚀校园，大学被称为"大学公司"。很多教授把提职称、凑科研成果、开公司、拉项目等当做"本分"；而不少学生又把大学作为混个文凭找份工作的手段。

就拿研究生教育来说,很多导师都把主要精力用在跑课题、拉项目上,学生则拿着导师付给的报酬编教材、写论文。因为是跟着导师"混饭吃",导师这才有了"老板"之称。老师变"老板",师生之间互相利用,近乎商业利益关系,又谈何尊师重道呢?

教育产业化和大学扩招,流水线式的批量生产将精英教育的模式颠覆,但这并不必然导致传统的师生关系的失落。可现实是,昔日为人津津乐道的和睦师生关系日渐解体。应该看到,师生关系异化发生在整个社会市场化、商业化的大背景之下。而社会价值观和教育理念的蜕变衍生出很多教育新思维,比如交费购买教育服务。种种合力之下,如果没有各方的刻意维护,这师生关系之乱倒也不觉得意外。

表面上看,师生关系异化只不过是在为教育体制和教育模式埋单,但教育体制和教育模式何尝不是商业化、产业化的苦果。当整个社会在商业化道路上凯歌高奏时,我们不妨自问,是否需要为商业化划上界限,因为某些关系容不得商业的玷污。

网上观点之一:同学们太过分了,我支持杨老师

法律是最低的道德准则!萧先生能有今天,到底是谁让你到了今天这样的窘境!根源在于自身,在内非在外!加之无良心的媒体,广泛流布、推波助流,以致局势到了不可收拾的局面!中国政法,冠名中国,师长学者当有海阔胸襟,切莫道听途说,两舌恶口,当有大师风范!当考虑国际影响,当珍惜学术清誉!走了,就走了,写了洋洋洒洒几千字公布于众,什么用心?法的精神、事实、证据、准绳,任何组织都有规矩,相信法大也有相关外事纪律、宣传纪律等等,应该遵守,这是基本的管理学知识!煽阴风,点鬼火,捉鸡不成反蚀米,赔了夫人又折兵,等等语汇来形容,很是贴切。切莫乐极生悲,落井下石!教授有个性,学生也有个性,自古教学相长,教改、扩招,让一些垃圾似乎也能坐在最好学府之内,劣根的素质导致各种潜在矛盾的迸发!杨教授的狮子吼,很鲜明,那些学生的做法确实激怒了他,所以,他一改往日的儒雅,一针见血!作为学生的家长,高兴!现代的孩子,少教,犯上,大有人在!一日为师终身为父的真实大意,了不得知!所以说,杨教授的一声吼叫,是发自内心深处情绪的爆发!当如菩萨化现愤怒相呵斥群魔乱舞!

网上观点之二:不完全认同他的某些观点

1. 大学生是成年人,有能力也必须独立思考和判断是非,并付诸行动(例如:可选择是否来上课,只要真真拥有了这门功课的学识同样是可以给学分的)。

2. 基本的行为准则应该规范——既以不影响他人为底线(例如:随意进出教室,吃东西,睡觉;这些势必影响包括老师在内的其他人,可以像音乐会学习,在中途间隙的时候选择进场和离场),而这点正是校方应该为此负责的。

3. 每个人都有话语权,萧先生和杨老师都有,杨老师有为自己主张的权利,萧先生也有表明自己观点的权利只是不必谩骂和辞职!

4. 杨帆门看似学生和老师之间的矛盾,其实也不妨看做是意识形态的碰撞点,学会尊重不同的意识形态,可以坚持自己的意识形态,但不能将自己以为的真理强加给别人。

5. 萧先生作为一个老师,应该告诉学生真正的善恶,你的允许随意进出教室,吃东西,睡觉种种是有限制条件的,至少你应该事先告诉学生这样不好,但你不介意,并且征询其他学生是否介意;同时也应该告诉学生或许其他老师会介意,以及其他场合会介意;尽量避免把你课堂上的标准带到其他场合去。

6. 杨帆门中那个砸门的学生是被萧先生或类似萧先生这种标准惯坏的,否则也不可能这么理直气壮地砸门,萧先生确该为之检讨。

学生选修杨老师课而不去听课,是为了拿学分而又不肯付出努力,是丧失基本诚信的行为!这个世界是应该有规则的,遵守规则是做人的道德底线,试想基本规则不懂得遵守,到社会上怎么混饭吃!踢门的学生垃圾该开除!

(来源 http://hi.baidu.com/%D5%E6%CF%E0%D6%D0%B9%FA/blog/item/8ac33d94dfb9500f7af480f5.html)

(二)制度危机与伦理缺失——"杨帆事件"的第三种解读

公众对"杨帆事件"主要是围绕师德等问题进行讨论,一是支持杨帆批评学生,二是支持学生批评杨帆。以下,我们尝试跳出事件,从制度危机与伦理缺失这一角度作些解读。

1. 基本事实

从媒体报道及当事人的相关声明看,政法大学"杨帆事件"有以下事实是非常清楚的:(1)学生大面积缺课是基本事实,也就是说240人选修只来了101人;(2)教师点名后不少学生来赶场、期间发生学生踢门事件、中途学生离开课室也是基本事实;(3)杨帆教授与一女生发生冲突并送保卫处也是基本事实;(4)事件引起舆论广泛关注,有部分人支持杨帆教授,部分人包括政法大学一位副教授批评扬帆教授的做法,也是基本事实。

2. 事件争论多停留于表面

"杨帆事件"引发广泛争论,不论是针对杨帆教授还是当事的学生,都有支持与反对者,也各言之凿凿。

以下摘自 CNET 中国旗舰网站(地址:http://news.zdnet.com.cn/zdnet-news/2008/0112/706280.shtml)转自《南方日报》的几个观点:

——学生教师素质双双被网友质疑

在杨帆事件视频页面留言上,有网友认为,"这样的政法学生,将来进入司法界管理我们国家的政法么?让这样一代管理我们国家司法能保持公正么?""事情本身并不可怕,透过现象看到本质让人更可怕!"

网友凯迪也叫板学生,"学生要像一个学生,在公司里老板开会如果员工拂袖而去,老板有权暴怒;在一个机关里局长开会科员扬长而去局长有权发火。"事发后第二天,中国政法大学校友网站沧海 BBS 上,大多数同学都对当事女生表示同情,对杨帆的蛮横和踹门男生表示愤怒,并且与杨帆的研究生等支持者争论不休。

昨日上午,在沧海云帆论坛上,网友汉风和雨发表《"杨帆事件"之实相——回应北京青年报误导舆论的报道》披露了一些对声援学生的背景细节:有很大一部分学生逃课,是因为当天另一名老师的必修课补课和选修课冲突;杨老师曾在饭堂对一学生说"最后一课交完论文就可以走"。根据本校校长的说法,学生可以自由决定是否听老师的课,可以有自由之选择。还有帖子反映:杨教授曾经在课堂推销自己的著作和光盘,并且声称买不买书会与成绩学分挂钩,还说卖书是为了减轻儿子留学国外的负担。

1月7日,一名自称中国政法大学教师萧瀚发表《"师"文扫地何时休?》一文,抨击"是教授的表现引发了那位女生对他的不满,而教授连用三个'滚'字,这样缺教养的语言不但侮辱人格,并且辱及师道","这位女生一点错都没有"。

——高教研究专家:浮躁情绪能在师生间"传染"

在凤凰网"你如何看待教授与女生冲突事件?"调查中,36.5%的网友认为教授做法欠妥,有损师长形象。42.5%的人认为"学生做法不对,不够尊重老师"。21.0%认为"双方都不对,无论如何不该在课堂上发生冲突"。在"你如何看待大学师生关系?"调查中,选择"一般"和"较差"的分别占44.2%和45.2%。

暨南大学高教研究中心主任马秋枫教授认为:"学生普遍喜欢听比较浅的课,对理论性较强的讲课比较抗拒,甚至逃课。因此,某些老师学术水平很高,但讲课也可能会不受欢迎,还可能受学生这种浮躁之风影响讲课心情,脾气也会暴躁。现在大学生还是要端正自己的学习态度。"

此外,在报刊上、网络上也还有各式各样的讨论及观点。然而,如果这样讨论下去,可能就永远没有一个结束之日,也难有一个客观准确的结论,更无望从事件中吸取应有的教训以避免同样事件再度发生。因为,这些讨论及相关观点多还停留于表面就事论事,没有触及最根本的最核心的问题——高等学校的制度危机与伦理缺失。

3."杨帆事件"的根本问题:学校制度危机与伦理缺失

"杨帆事件"使两个当事人及牵涉到的另外一个副教授,三个人都受到口诛笔伐,都是输家,没有哪位在事件中获得哪怕是一丁点的利益。谁都不愿意发生却发生了,谁都不愿受到伤害但都受到了伤害,其根源实际上就是

第六章 实践探索:有益启示

大学制度危机与伦理缺失。

(1)假如有秩序会如何?

为了分析研究需要,我们还是有必要做假设。我们这里很有必要假设大学应然的秩序是得到保证的,会是怎样的情况。大学应然的秩序就是大学应该具有的最基本的秩序。就此个案来说,有三个层面的问题我们要搞清楚:其一,学校的层面。学校安排特定的课室特定的时间给师生上课,这是必然的。因此,在这个特定的时间里只能由与课程相关的特定的师生使用,即选修课程的学生及上课教师。除此之外别人都不能使用这课室也不能影响此课室师生的教学活动。其二,学生层面。学生既然是选修某门课程,应该准时去上课,不迟到不早退不缺课,是最基本的伦理及要求。同时别人在课室上课不能随意进出课室影响别人上课,也是基本的伦理与要求。其三,教师层面。教师系统讲授一门课程需要有连续的一段时间(通常是安排若干课时),是基本规律和要求。学生系统掌握一门课程同样需要一个连续的时间参与由教师组织的教学活动,也是基本规律及要求。老师要求学生按时足时来听课,是理所当然的。这就是大学基本的伦理与秩序。假如学生全部都能准时来上课就不会发生"杨帆事件";假如不选修课程的女生学会尊重别人不随意进出别人正在上课的课堂(拿书或其他东西也不行,公共场所并无义务存放私人物品),"杨帆事件"同样不会发生;假如学校在教室管理及学生考勤管理认真到位一些,也不可能发生"杨帆事件"。任何一种伦理秩序的破坏都可能导致师生之间的意外的冲突,何况在"杨帆事件"中几种伦理秩序同时被破坏了。伦理秩序缺失,事实上是制度危机导致的,大学也是这样。

(2)我们应该反思什么?

第一,学校要真正回归教育。学校是天公地道的教育机构,但多数学校严格来讲不是真正搞教育的。中小学主要是训练一台台考试机器,大学越来越像一个个商业机构,与教育已经渐行渐远。这些问题在我国已经讲了很多年,大家也认可好多年,也提出要改革好多年,也知道应该怎么改革,但这么多年没有见到实质的改革。教育与其他领域的改革一样,首先不是从正义出发的,而是从利益出发,这样的改革是没有出路的。包括教育在内,现在暴露出来的像"杨帆事件"等问题,恐怕还只是冰山一角。学校的发展,教育的改革,其中会夹杂着某种社会政治需要与部门功利目的,也是可以理解的,但是任何时候都必须以"教育"为第一要务,其他任何考虑都应该摆在次要的地位,才是正义的。

  第二,大学应该坚守自己的伦理底线。首先,遵循教育规律。通常我们说教书育人,在大学(也包括其他各类学校)的教学活动中实际上是在同一个过程实现的。一方面是教书,即传授知识。传授知识是个非常复杂的理性思维活动,需要教师及学生双方密切配合,需要有一个严肃安静的环境,才可以有效进行。为此学校会制定各种各样的规范以保证教学活动的正常开展。另一方面,学生在教学活动中严格遵守各种规范、认真履行各种教学礼仪,就是培养其良好文明道德习惯的过程,即育人。教书育人成为我们日常生活中习惯使用的一个成语,事实上就隐含了如上教育规律,所以我们必须遵循。其次,维护学校制度的尊严。大学制度的危机,其原因在很大程度上与大学自身不能坚决维护制度的尊严有关系,更深入讲就是没有真正弄明白大学的基本价值和理念。在"杨帆事件"及相关讨论中,多数学生反对杨帆而支持当事女生,甚至在多处还有"大学是商业机构,学生交学费就得享受服务"的观点,这在我国社会、高校、及学生中应该具有典型性,但却十分荒谬。古今中外,任何成功的学校,尽管有商业运作成分,教育始终都是放在第一位的。再退一万步讲,大学就算是个彻头彻尾的商业机构,也还是与其他商业机构一样是有其制度和秩序的。任何商业机构如果没有制度及秩序,是不可能生存及发展的。如果从这个层面理解,大学这个商业机构,开门办学,有钱就来读,也还是有规章制度的。对学生来讲,你既然选择来读大学,就必须认可并遵守这所大学的规章制度。就像人们花钱去住五星级酒店一样,还得遵守酒店规矩。五星级酒店就通常拒绝那些衣衫不整、行为不雅的人入内的。因此,大学不能因为所谓的"以生为本"而放纵迁就学生,也不能因为生源竞争而放弃制度及伦理,自废武功、自毁前程。

  第三,不能孤立地去看师德问题。师德问题这些年来也比较突出,广受社会关注及多方责难。这是有欠公平的。且不说整个社会大环境不好的情况下,单单苛求某种职业的人坚守道德孤岛的不现实性。就是在学校本身,教学的秩序是立于学校的规章制度的,教师的师德则立于学校井井有条的教学秩序的。师德其实也是由"师"与"德"两个字构成,师是德的前提,没有这个前提即无所谓师德。意思就是说,没有"师"的"授业"这一前提,就不存在对教师行为规范要求的"师德"。在"杨帆事件"中,整个课堂秩序乱成一团,无法正常开展教学活动,"为师"已不存,何来讲"师德"？现在好多学校对教师职业道德规范提出严格的要求,如果教师上课迟到或者违反其他规范,则定为教学事故并严厉处罚,这是必要的。但同时,对学生大面积地迟到、缺课等问题,同样应该严肃纪律而不能心慈手软。这样才能保证正常的教学秩序,才能实现大学的目标。显然,现在各高校在有效管理学生纪律这个问题上,还没有更好的办法。

参 考 文 献

1. 《马克思恩格斯选集》第1—4卷,人民出版社1972年版。
2. 《马克思恩格斯全集》第3卷,人民出版社1997年版。
3. 《列宁选集》第1卷,人民出版社1975年版。
4. 《邓小平文选》第1—3卷,人民出版社1994年版。
5. 《江泽民文选》第1—3卷,人民出版社2006年版。
6. 《十七大报告辅导读本》,人民出版社2007年版。
7. 中共中央宣传部编:《毛泽东邓小平江泽民论思想政治工作》,学习出版社2000年版。
8. 郑永廷等著:《主导德育论》,人民出版社2008年版。
9. 郑永廷著:《思想政治教育方法论》,高等教育出版社1999年版。
10. 郑永廷著:《现代思想道德教育理论与方法》,广东高等教育出版社2000年版。
11. 李萍著:《现代道德教育论》,广东人民出版社1999年版。
12. 李萍、钟明化著:《走向开放的道德》,中山大学出版社1994年版。
13. 张孝宜著:《新世纪高校政治理论教育途径与方法探索》,中山大学出版社2000年版。
14. 蔡元培著:《中国人的修养》,中国工人出版社2008年版。
15. 丁大同著:《国家与道德》,山东人民出版社2007年版。
16. 高兆明著:《制度公正论》,上海文艺出版社2001年版。
17. 高兆明著:《道德生活论》,河海大学出版社1993年版。
18. 冯支兰著:《哲学人生》,广西师范大学出版社2005年版。
19. 郭广银等著:《伦理新论——中国市场经济体制下的道德建设》,人民出版社2004年版。

20. 范树成著:《德育过程论》,中国社会科学出版社 2004 年版。

21. 贾新奇等著:《公民伦理教育的基础与方法》,北京师范大学出版社 2007 年版。

22. 严玉明著:《大学生思想教育、道德教育与宗教观教育研究》,中央民族大学出版社 2008 年版。

23. 胡林英著:《道德内化论》,社会科学出版社 2007 年版。

24. 袁本新等著:《人本德育论》,人民出版社 2007 年版。

25. 和飞著:《地方大学办学理念研究》,高等教育出版社 2005 年版。

26. 吴然著:《优良道德论》人民出版社 2007 年版。

27. 邱伟光、张耀灿著:《思想政治教育学原理》,高等教育出版社 1999 年版。

28. 眭依凡编:《学府之魂》,江西教育出版社 2001 年版。

29. 黄向阳著:《德育原理》,华东师范大学出版社 2000 年版。

30. 宋锦添著:《人生学导论》,中国人民大学出版社 1990 年版。

31. 胡守棻主编:《德育原理》,北京师范大学出版社 1989 年版。

32. 魏贤超著:《现代德育原理》,浙江大学出版社 1993 年版。

33. 班华主编:《现代德育论》,安徽人民出版社 1996 年版。

34. 吴康宁:《教育社会学》,人民教育出版社 1998 年版。

35. 钦定大清会典则例(卷七十)影印文渊阁四库全书本。

36. 申作青著:《当代大学文化论》,浙江大学出版社 2006 年版。

37. 眭依凡著:《教育发展理论研究》,高等教育出版社 2001 年版。

38. 黄俊杰编:《大学理念与校长遴选》,台湾通识教育学会出版社 1997 年版。

39. 孙才仁编著:《道德规范古今谈》,北京图书馆出版社 2002 年版。

40. 魏英敏著:《当代中国伦理与道德》,昆仑出版社 2001 年版。

41. 龚爱林著:《变革中的道德》,湖南教育出版社 2000 年版。

42. 蓝维等著:《公民教育:理论、历史与实践探索》,人民出版社 2007 年版。

43. 王小锡等著:《道德资本论》,人民出版社 2005 年版。

44. 黄白兰编著:《盲点——中国教育危机报告》,中国城市出版社1998年版。

45. 任剑涛著:《道德理想主义与伦理中心主义》,东方出版社2003年版。

46. 骆郁庭著:《精神动力论》,武汉大学出版社2003年版。

47. 吴奕新著:《当代中国道德建设研究》,中国社会科学出版社2003年版。

48. 罗国杰著:《伦理学》,人民出版社1989年版。

49. 任建东著:《道德信仰论》,宗教文化出版社2004年版。

50. 陈平原著:《大学何为》,北京大学出版社2006年版。

51. 朱贻庭著:《中国传统伦理思想史》,华东师范大学出版社2003年版。

52. 宋希仁著:《西方伦理思想史》,中国人民大学出版社2004年版。

53. 茅于轼著:《道德 经济 制度》,河南人民出版社2002年版。

54. 武经伟、方盛举著:《经济人道德人全面发展的社会人》,人民出版社2002年版。

55. 陈立思著:《当代世界思想政治教育》,中国人民大学出版社1999年版。

56. 冯益谦著:《比较与创新——中西德育方法比较》,中央编译出版社2004年版。

57. 田秀云著:《社会道德与个体道德》,人民出版社2004年版。

58. 舒志定著:《人的存在与教育》,学林出版社2004年版。

59. 苏振芳著:《道德教育论》,社会科学文献出版社2006年版。

60. 王仕民著:《德育功能论》,中山大学出版社2005年版。

61. 李康平、张吉雄著:《邓小平德育思想研究》,中国社会科学出版社2000年版。

62. 黎玉琴著:《秩序与和谐的文化追求》,贵州人民出版社2006年版。

63. 魏则胜著:《道德建设的文化机制研究》,广东人民出版社2005年版。

参 考 文 献

64. 陈媛著:《发展与审美》,社会科学文献出版社2008年版。

65. 赵飞著:《高校思想理论教育有效性研究》,广东高等教育出版社2004年版。

66. [英]亚当·斯密著,王秀丽等译:《道德情操论》,上海三联书店出版社2008年版。

67. [美]弗兰克·梯利著,何意译:《伦理学概论》,中国人民大学出版社1987年版。

68. [美]萨拜著:《政治学说史》,商务印书馆1986年版。

69. [美]约翰·康芒斯,于树生译:《制度经济学》(上册),商务印书馆1962年版。

70. [美]霍尔·戴维斯著,陆有栓等译:《道德教育理论与实践》,浙江教育出版社2003年版。

71. [古希腊]亚里士多德著,苗力田译:《尼各马科伦理学》,中国社会科学出版社1990年版。

72. [捷]夸美纽斯著,傅任敢译:《大教学论》,教育科学出版社1999年版。

73. [美]伊恩·罗伯逊:《社会学》(下),商务印书馆1991年版.

74. [德]雅斯贝尔斯著,邹进译:《什么是教育》,三联书店1991年版。

75. [美]罗尔斯著,何怀宏、何包钢、廖申白译:《正义论》,中国社会科学出版社1988年版。

76. [英]塞缪尔·斯迈尔斯著:《品格的力量》,北京图书馆出版社1999年版。

77. [法]爱弥尔·涂尔干著:《道德教育》,上海人民出版社2001年版。

78. [德]米歇尔·鲍曼著:《道德的市场》,中国社会科学出版社2003年版。

79. [美]亚伯拉罕·弗莱克斯纳著,徐辉译:《现代大学论》,浙江教育出版社2001年版。

80. [美]杜威著,王承绪等译:《道德教育原理》,浙江教育出版社2003年版。

197

后　记

小时候生活在山里，没见过世面，最羡慕的是小学老师。小时候也笨，不会跟小朋友打架，只好闷声读书，希望做个老师：一是不用打架别人也怕，二是还有工资领。好在读书不笨，还真的当上了老师，而且是大学老师。然而实现了的理想并不理想：待遇低些尚可以"知足常乐"自我安慰；最苦恼就是学生"不怕"老师了，自己如何当好老师教好学生便成了一个新课题！

尽管如此，由于四年师范院校的专业熏陶，再加上自己一直从事的工作又是思想政治教育教学与研究，使我不能不认真琢磨这些教育问题，并努力通过实际行动做些尝试。曾经设计好多问卷对当代大学生思想道德状况进行实证研究，也组织学生开展各种各样的活动，如读书活动、办读书报等等。这些年来也一直这样过着，痛苦着也快乐着，得失相伴。失者不论，所谓得者，主要就是认真总结本人这些年来所为所思所悟，以"大学生道德养成研究"申报课题，2005年被广东省教育科学领导小组办公室批准立项为广东省教育科学十五规划项目，借此东风之便对此课题进行较为系统的研究。

人们通常说要"十年磨一剑"，对我来说则是需要更加漫长的时间。我的学术道路，始于1994年到中山大学理论部攻读第二学士学位，有幸接触到中山大学理论部这个国内非常优秀的思想政治教育团队，得到郑永廷教授、张孝宜教授、李萍教授、钟明华教授、叶启绩教授、郭文亮教授等学术大家的悉心教诲，逐步得以入门。2002年后继续在职攻读中山大学思想政治教育专业硕士学位，得到教师们更多的帮助，初步形成学术思想。在肇庆学院工作至今的13年间，陆续进行一些学术研究活动。在学校里进行实证研究，一起工作的同事都是我的老师，所有的学生都是我研究的对象，课室、饭堂、图书馆等也都可以是研究的阵地，有时甚至在饭桌上从朋友及同事那里

后　记

得到灵感……特别是和飞教授、黎玉琴教授等领导及同事,对我的研究工作给予了很多关心与帮助,所有这些都是我克服困难、顺利进行项目研究的动力。本书所论,只能反映本人在此问题上的视野,不可能尽如人意,但这只是开始而不是结束,特别是作为一块"引玉"砖的时候。

　　本书的出版,得到肇庆学院学术出版基金、肇庆市哲学学会、肇庆学院政法学院的经费支持,在此一并致谢。同时非常感谢人民出版社的有关领导和编辑,他们对此书的出版作出了大量的工作。马克思说过:人是一切社会关系的总和。延伸来讲:人的思想、学识、进步、发展无论如何都离不开其所存在的社会关系。由此而论,我要衷心感谢我周边的所有的人:包括自己的家人、朋友、同事、学生……是他们的支持与帮助使得我的生活变得更加丰富多彩,使我的事业不断取得进步。由于水平有限,书中难免有疏漏与不足之处,敬请各位专家、学者及读者批评指正!

班荣鼎

2009 年 10 月

于广东肇庆学院

责任编辑:王世勇

图书在版编目(CIP)数据

大学之道——高校学生道德养成的理论与实践/班荣鼎 著.
-北京:人民出版社,2009.12
ISBN 978-7-01-008501-2

Ⅰ.大… Ⅱ.班… Ⅲ.大学生-道德修养-研究 Ⅳ.G641.6

中国版本图书馆 CIP 数据核字(2009)第 212363 号

大学之道——高校学生道德养成的理论与实践
DAXUE ZHIDAO GAOXIAO XUESHENG DAODE YANGCHENG DE LILUN YU SHIJIAN

班荣鼎 著

人民出版社 出版发行
(100706 北京朝阳门内大街166号)

北京龙之冉印务有限公司印刷 新华书店经销

2009年12月第1版 2009年12月北京第1次印刷
开本:710毫米×1000毫米 1/16 印张:13.125
字数:200千字 印数:0,001—3,000册

ISBN 978-7-01-008501-2 定价:32.00元

邮购地址 100706 北京朝阳门内大街166号
人民东方图书销售中心 电话 (010)65250042 65289539